中华人民共和国行业标准

公路工程集料试验规程

Test Methods of Aggregate for Highway Engineering

JTG E42—2005

主编单位：交通部公路科学研究所
批准部门：中华人民共和国交通部
施行日期：2005 年 08 月 01 日

人民交通出版社股份有限公司

图书在版编目(CIP)数据

公路工程集料试验规程：JTG E42—2005 / 交通部公路科学研究所主编. —北京：人民交通出版社股份有限公司，2016.9

ISBN 978-7-114-13353-4

Ⅰ.①公⋯　Ⅱ.①交⋯　Ⅲ.①道路工程—工程材料—试验规程—中国　Ⅳ.①U414-65

中国版本图书馆 CIP 数据核字(2016)第 229589 号

标准类型：中华人民共和国行业标准
标准名称：公路工程集料试验规程
标准编号：JTG E42—2005
主编单位：交通部公路科学研究所
出版发行：人民交通出版社股份有限公司
地　　址：(100011)北京市朝阳区安定门外外馆斜街 3 号
网　　址：http://www.ccpress.com.cn
销售电话：(010) 59757973
总 经 销：人民交通出版社股份有限公司发行部
经　　销：各地新华书店
印　　刷：北京市密东印刷有限公司
开　　本：880×1230　1/16
印　　张：9.25
字　　数：150 千
版　　次：2016 年 9 月　第 1 版
印　　次：2023 年 10 月　第 13 次印刷
书　　号：ISBN 978-7-114-13353-4
定　　价：50.00 元

(有印刷、装订质量问题的图书，由本公司负责调换)

中华人民共和国交通部
公 告

第 3 号

关于发布《公路工程水泥及水泥混凝土试验规程》（JTG E30—2005）、《公路工程岩石试验规程》（JTG E41—2005）、《公路工程集料试验规程》（JTG E42—2005）的公告

现发布《公路工程水泥及水泥混凝土试验规程》（JTG E30—2005）、《公路工程岩石试验规程》（JTG E41—2005）和《公路工程集料试验规程》（JTG E42—2005），自 2005 年 8 月 1 日起施行。原《公路工程水泥混凝土试验规程》（JTJ 053—94）、《公路工程石料试验规程》（JTJ 054—94）和《公路工程集料试验规程》（JTJ 058—2000）同时废止。

《公路工程水泥及水泥混凝土试验规程》（JTG E30—2005）与《公路工程集料试验规程》（JTG E42—2005）由交通部公路科学研究所主编，《公路工程岩石试验规程》（JTG E41—2005）由中交第二公路勘察设计研究院主编。规程的管理权和解释权归交通部，日常的具体解释和管理工作由主编单位负责。

请各有关单位在实践中注意积累资料，总结经验，及时将发现的问题和修改意见函告规程主编单位（交通部公路科学研究所，北京市海淀区西土城路 8 号，邮政编码：100088；中交第二公路勘察设计研究院，武汉市汉阳区鹦鹉大道 498 号，邮政编码：430052），以便修订时参考。

特此公告。

中华人民共和国交通部
二〇〇五年三月三日

前 言

原《公路工程集料试验规程》(JTJ 058—2000)(以下称原规程),由交通部公路科学研究所主编,是在1994年版的基础上修订而成的。1994年版编制的内容大部分引自原《水泥混凝土试验规程》、《公路工程沥青及沥青混合料试验规程》和《公路路面基层试验规程》中的相关试验方法。经2000年版修订后,原规程于2000年2月22日发布,7月1日起在全国实施。修订后的规程,在我国得到了广泛的应用,对加强公路工程集料的生产与管理、质量检验起到了重要的作用。

沥青路面集料粒径改为以方孔筛为准,是原规程的重大修改。但是鉴于当时水泥混凝土路面的集料使用圆孔筛,所以原规程仍保留了圆孔筛和方孔筛两种筛孔。规程颁布后,使用单位反映强烈,认为两套筛孔易使试验人员在操作上引起混乱。另外,由建材部门主编的国家标准《建筑用卵石、碎石》(GB/T 14685—2001)及《建筑用砂》(GB/T 14684—2001),也统一改为了方孔筛,其筛孔系列与原规程完全一致,并于2002年2月1日起实施。有鉴于此,原规程在2000年修订后有再次修订的必要。

本次修订的重点是针对原规程中水泥混凝土与沥青混合料对集料的测试方法和要求不同这一点,本着尽可能统一的原则进行的。共修订试验方法19项、增补试验方法3项及1个附录,删除了5项试验方法及原来的圆孔筛附录。修订的主要内容有:

1. 对所有试验规程中的集料全部统一为方孔筛规格。
2. 修改完善了集料试样的取样方法,使其更具有代表性。
3. 对粗集料的水筛试验方法进行了修订,增加了集料混合料筛分试验方法。
4. 统一了粗集料石料压碎值试验方法。
5. 统一了粗集料的洛杉矶磨耗试验方法。
6. 修订了粗集料磨光值试验方法。
7. 修订了细集料各种相对密度的试验方法,使适用范围扩大为石屑、机制砂、天然砂。删除了表面吸水率部分的内容。
8. 统一了天然砂筛分后细度模数的计算方法。
9. 修订了细集料砂当量试验方法。
10. 增补了细集料的亚甲蓝试验方法。
11. 增补了矿渣活性及膨胀性试验方法。
12. 增补了细集料压碎指标试验方法。
13. 删去原T 0315"水泥混凝土用粗集料压碎值试验"、T 0318"砾石磨耗试验(狄法尔法)"、T 0319"碎石磨耗试验(狄法尔法)"、T 0329"细集料表观密度试验(李氏比重瓶法)"、T 0342"细集料含水率快速试验(碳化钙气压法)"等基本上不再使用的方法。

14.对本次修订未作实质性修改的1994年、2000年编写和修订的试验方法进行了局部文字性修改和有效性确认。

本规程由交通部公路科学研究所负责解释。希望各单位在使用中注意总结经验,在执行中有何意见和建议,请及时函告交通部公路科学研究所,地址:北京市海淀区西土城路8号,邮政编码:100088,电话:(010)62025078、62079576,电子邮件:ja.shen@rioh.cn或 fp.li@rioh.cn。

主 编 单 位:交通部公路科学研究所
主要起草人:沈金安　李福普　牛开民　夏玲玲　刘清泉　陈　景

目　次

1 总则 1
2 术语和符号 2
　2.1 术语 2
　2.2 符号 5
3 粗集料试验 7
　T 0301—2005　粗集料取样法 7
　T 0302—2005　粗集料及集料混合料的筛分试验 10
　T 0303—2005　含土粗集料筛分试验 17
　T 0304—2005　粗集料密度及吸水率试验（网篮法） 20
　T 0305—1994　粗集料含水率试验 25
　T 0306—1994　粗集料含水率快速试验（酒精燃烧法） 26
　T 0307—2005　粗集料吸水率试验 27
　T 0308—2005　粗集料密度及吸水率试验（容量瓶法） 28
　T 0309—2005　粗集料堆积密度及空隙率试验 31
　T 0310—2005　粗集料含泥量及泥块含量试验 34
　T 0311—2005　水泥混凝土用粗集料针片状颗粒含量试验（规准仪法） ... 36
　T 0312—2005　粗集料针片状颗粒含量试验（游标卡尺法） 38
　T 0313—1994　粗集料有机物含量试验 42
　T 0314—2000　粗集料坚固性试验 43
　T 0316—2005　粗集料压碎值试验 45
　T 0317—2005　粗集料磨耗试验（洛杉矶法） 49
　T 0320—2000　粗集料软弱颗粒试验 54
　T 0321—2005　粗集料磨光值试验 55
　T 0322—2000　粗集料冲击值试验 61
　T 0323—2000　粗集料磨耗试验（道瑞试验） 63
　T 0324—1994　集料碱活性检验（岩相法） 66
　T 0325—1994　集料碱活性检验（砂浆长度法） 69
　T 0326—1994　抑制集料碱活性效能试验 72
　T 0346—2000　破碎砾石含量试验 74
　T 0347—2000　集料碱值试验 76

— 1 —

T 0348—2005 钢渣活性及膨胀性试验	78

4 细集料试验 ... 82

T 0327—2005 细集料筛分试验	82
T 0328—2005 细集料表观密度试验(容量瓶法)	86
T 0330—2005 细集料密度及吸水率试验	88
T 0331—1994 细集料堆积密度及紧装密度试验	95
T 0332—2005 细集料含水率试验	96
T 0333—2000 细集料含泥量试验(筛洗法)	97
T 0334—2005 细集料砂当量试验	99
T 0335—1994 细集料泥块含量试验	104
T 0336—1994 细集料有机质含量试验	105
T 0337—1994 细集料云母含量试验	106
T 0338—1994 细集料轻物质含量试验	106
T 0339—1994 细集料膨胀率试验	108
T 0340—2005 细集料坚固性试验	109
T 0341—1994 细集料三氧化硫含量试验	110
T 0343—1994 细集料含水率快速试验(酒精燃烧法)	112
T 0344—2000 细集料棱角性试验(间隙率法)	113
T 0345—2005 细集料棱角性试验(流动时间法)	116
T 0349—2005 细集料亚甲蓝试验	118
T 0350—2005 细集料压碎指标试验	123

5 矿粉试验 ... 126

T 0351—2000 矿粉筛分试验(水洗法)	126
T 0352—2000 矿粉密度试验	128
T 0353—2000 矿粉亲水系数试验	129
T 0354—2000 矿粉塑性指数试验	130
T 0355—2000 矿粉加热安定性试验	131
附录 A 公路工程方孔筛集料标准筛	133
附录 B 不同温度水的密度修正方法	137

1 总　　则

1.0.1 为适应我国公路建设的需要,保证公路工程对集料质量的要求,特制定本规程。

1.0.2 本规程规定了新建和改建各级公路工程中水泥混凝土、沥青混合料和路面基层所用集料的试验方法。

1.0.3 各种集料的技术要求应符合现行有关技术规范的规定。

1.0.4 用于本规程试验的仪器应经国家有关检测机构认定合格并符合本规程要求。

1.0.5 试验人员在试验中应遵守安全操作、防火、防毒及环境保护的规定。

1.0.6 送试集料样品应标明产地、规格、数量、送试单位、试验项目、送试日期等,并采用能防止污染和不易损坏的包装。

2 术语和符号

2.1 术语

2.1.1 集料(骨料) aggregate

在混合料中起骨架和填充作用的粒料,包括碎石、砾石、机制砂、石屑、砂等。

2.1.2 粗集料 coarse aggregate

在沥青混合料中,粗集料是指粒径大于 2.36mm 的碎石、破碎砾石、筛选砾石和矿渣等;在水泥混凝土中,粗集料是指粒径大于 4.75mm 的碎石、砾石和破碎砾石。

2.1.3 细集料 fine aggregate

在沥青混合料中,细集料是指粒径小于 2.36mm 的天然砂、人工砂(包括机制砂)及石屑;在水泥混凝土中,细集料是指粒径小于 4.75mm 的天然砂、人工砂。

2.1.4 天然砂 natural sand

由自然风化、水流冲刷、堆积形成的、粒径小于 4.75mm 的岩石颗粒,按生存环境分河砂、海砂、山砂等。

2.1.5 人工砂 manufactured sand, synthetic sand

经人为加工处理得到的符合规格要求的细集料,通常指石料加工过程中采取真空抽吸等方法除去大部分土和细粉,或将石屑水洗得到的洁净的细集料。从广义上分类,机制砂、矿渣砂和煅烧砂都属于人工砂。

2.1.6 机制砂 crushed sand

由碎石及砾石经制砂机反复破碎加工至粒径小于 2.36mm 的人工砂,亦称破碎砂。

2.1.7 石屑 crushed stone dust, screenings, chips

采石场加工碎石时通过最小筛孔(通常为 2.36mm 或 4.75mm)的筛下部分,也称筛屑。

2.1.8 混合砂 blend sand

由天然砂、人工砂、机制砂或石屑等按一定比例混合形成的细集料的统称。

2.1.9 填料 filler

在沥青混合料中起填充作用的粒径小于 0.075mm 的矿物质粉末。通常是石灰岩等碱性石料加工磨细得到的矿粉，水泥、消石灰、粉煤灰等矿物质有时也可作为填料使用。

2.1.10 矿粉 mineral filler

由石灰岩等碱性石料经磨细加工得到的，在沥青混合料中起填料作用的以碳酸钙为主要成分的矿物质粉末。

2.1.11 堆积密度 accumulated density

单位体积（含物质颗粒固体及其闭口、开口孔隙体积及颗粒间空隙体积）物质颗粒的质量。有干堆积密度及湿堆积密度之分。

2.1.12 表观密度（视密度）apparent density

单位体积（含材料的实体矿物成分及闭口孔隙体积）物质颗粒的干质量。

2.1.13 表观相对密度（视比重）apparent specific gravity

表观密度与同温度水的密度之比值。

2.1.14 表干密度（饱和面干毛体积密度）saturated surface-dry density

单位体积（含材料的实体矿物成分及其闭口孔隙、开口孔隙等颗粒表面轮廓线所包围的全部毛体积）物质颗粒的饱和面干质量。

2.1.15 表干相对密度（饱和面干毛体积相对密度）saturated surface-dry bulk specific gravity

表干密度与同温度水的密度之比值。

2.1.16 毛体积密度 bulk density

单位体积（含材料的实体矿物成分及其闭口孔隙、开口孔隙等颗粒表面轮廓线所包围的毛体积）物质颗粒的干质量。

2.1.17 毛体积相对密度 bulk specific gravity

毛体积密度与同温度水的密度之比值。

2.1.18 石料磨光值 polished stone value

按规定试验方法测得的石料抵抗轮胎磨光作用的能力，即石料被磨光后用摆式仪测得的摩擦系数。

2.1.19　石料冲击值　aggregate impact value

按规定方法测得的石料抵抗冲击荷载的能力，冲击试验后，小于规定粒径的石料的质量百分率。

2.1.20　石料磨耗值　weared stone value

按规定方法测得的石料抵抗磨耗作用的能力，其测定方法分别有洛杉矶法、道瑞法和狄法尔法。

2.1.21　石料压碎值　crushed stone value

按规定方法测得的石料抵抗压碎的能力，以压碎试验后小于规定粒径的石料质量百分率表示。

2.1.22　集料空隙率（间隙率）　percentage of voids in aggregate

集料的颗粒之间空隙体积占集料总体积的百分比。

2.1.23　碱集料反应　alkali-aggregate reaction

水泥混凝土中因水泥和外加剂中超量的碱与某些活性集料发生不良反应而损坏水泥混凝土的现象。

2.1.24　砂率　sand percentage

水泥混凝土混合料中砂的质量与砂、石总质量之比，以百分率表示。

2.1.25　针片状颗粒　flat and elongated particle in coarse aggregate

指粗集料中细长的针状颗粒与扁平的片状颗粒。当颗粒形状的诸方向中的最小厚度（或直径）与最大长度（或宽度）的尺寸之比小于规定比例时，属于针片状颗粒。

2.1.26　标准筛　standard test sieves

对颗粒性材料进行筛分试验用的符合标准形状和尺寸规格要求的系列样品筛。标准筛筛孔为正方形（方孔筛），筛孔尺寸依次为 75mm、63mm、53mm、37.5mm、31.5mm、26.5mm、19mm、16mm、13.2mm、9.5mm、4.75mm、2.36mm、1.18mm、0.6mm、0.3mm、0.15mm、0.075mm。各类标准筛的尺寸及技术要求应符合本规程附录 A 的要求。

2.1.27　集料最大粒径　maximum size of aggregate

指集料的 100% 都要求通过的最小的标准筛筛孔尺寸。

2.1.28 集料的公称最大粒径 nominal maximum size of aggregate

指集料可能全部通过或允许有少量不通过（一般容许筛余不超过10%）的最小标准筛筛孔尺寸。通常比集料最大粒径小一个粒级。

2.1.29 细度模数 fineness modulus

表征天然砂粒径的粗细程度及类别的指标。

条文说明

2.1.3 关于细集料的定义，国内外对水泥混凝土等建筑行业均以4.75mm为粗细集料的分界，而对沥青路面和基层均以2.36mm为分界。但是有时在沥青混合料中也常以起骨架作用的集料粒径作为粗集料看待，如SMA等嵌挤型混合料，SMA—10以2.36mm以上为粗集料，SMA—13以上的混合料以4.75mm以上的颗粒作为粗集料。

2.1.5 我国对各种细集料的定义一向比较混淆，对人工砂、机制砂、石屑的名词使用混乱，有的将石屑经加工处理得到的人工砂也称为机制砂，将石屑称为人工砂等等，本规程对其进行了明确定义。

2.1.27 在国外的规范中，对集料最大粒径有两个定义：集料最大粒径（Maximum size）是指100%通过的最小的标准筛筛孔尺寸；而集料的公称最大粒径（Nominal maximum size）是指保留在最大尺寸的标准筛上的颗粒含量不超过10%的标准筛尺寸。

例如，某种集料，100%通过26.5mm筛，在19mm筛上的筛余小于10%，则此集料的最大粒径为26.5mm，而公称最大粒径为19mm。在 ASTM D 448—86《公路和桥梁构造物的集料规格》、ASTM D 692—94a《沥青路面粗集料》、ASTM 1073—94《沥青路面细集料》以及 ASTM D 3515《热拌热铺沥青混合料》等标准规范中，实际上使用的级配名称都是采用的公称最大粒径。例如常用的D—4号粗集料是指3/4 in ~ 3/8 in，要求通过1 in的为100%，而通过3/4 in的百分率为90% ~ 100%。同样对通常称最大粒径为3/4 in的D—5号沥青混合料，要求通过3/4 in的为100%，通过1/2 in的为90% ~ 100%。这些做法和名称叫法与我国的习惯是一致的。不过我国往往将公称最大粒径直接简称为最大粒径，没有严格的区分。今后使用这些术语时应注意区分。

2.2 符 号

符号及意义见表1。

表1 符号及意义

符号	意义	符号	意义
γ_b	集料的毛体积相对密度	γ_s	集料的表干相对密度
ρ_b	集料的毛体积密度	ρ	集料的堆积密度
ρ_a	集料表观密度	w	集料的含水率
γ_a	集料的表观相对密度（视比重）	w_x	集料的吸水率
ρ_s	集料的表干密度	w_s	集料的表面含水率

表1（续）

符　号	意　义	符　号	意　义
a_T	水温对水相对密度影响的修正系数	WSV	粗集料磨耗值，weared stone value 之略语
n	集料的空隙率	AAV	粗集料磨耗值（道瑞法），aggregate abrasion value 之略语
Q_e	粗集料的针片状颗粒含量		
Q_n	集料的含泥量	AIV	粗集料冲击值，aggregate impact value 之略语
Q_k	集料的泥块含量		
Q_a	粗集料的压碎值	SE	砂当量，sand equivalent value 之略语
PSV	粗集料的磨光值，polished stone value 之略语	MBV	亚甲蓝值，methylene blue value 之略语
		M_X	砂的细度模数

3 粗集料试验

T 0301—2005 粗集料取样法

1 适用范围

本方法适用于对粗集料的取样,也适用于含粗集料的集料混合料如级配碎石、天然砂砾等的取样方法。

2 取样方法和试样份数

2.1 通过皮带运输机的材料如采石场的生产线、沥青拌和楼的冷料输送带、无机结合料稳定集料、级配碎石混合料等,应从皮带运输机上采集样品。取样时,可在皮带运输机骤停的状态下取其中一截的全部材料(图 T0301-1),或在皮带运输机的端部连续接一定时间的料得到,将间隔 3 次以上所取的试样组成一组试样,作为代表性试样。

图 T0301-1 在皮带运输机上取样方法

2.2 在材料场同批来料的料堆上取样时,应先铲除堆脚等处无代表性的部分,再在料堆的顶部、中部和底部,各由均匀分布的几个不同部位,取得大致相等的若干份组成一组试样,务必使所取试样能代表本批来料的情况和品质。

2.3 从火车、汽车、货船上取样时,应从各不同部位和深度处,抽取大致相等的试样若干份,组成一组试样。抽取的具体份数,应视能够组成本批来料代表样的需要而定。

注:①如经观察,认为各节车皮、汽车或货船的碎石或砾石的品质差异不大时,允许只抽取一节车皮、一部汽车、一艘货船的试样(即一组试样),作为该批集料的代表样品。
②如经观察,认为该批碎石或砾石的品质相差甚远时,则应对品质有怀疑的该批集料,分别取样和验收。

2.4 从沥青拌和楼的热料仓取样时,应在放料口的全断面上取样。通常宜将一开始按正式生产的配比投料拌和的几锅(至少 5 锅以上)废弃,然后分别将每个热料仓放出至装载机上,倒在水泥地上,适当拌和,从3处以上的位置取样,拌和均匀,取要求数量的试样。

3 取样数量

对每一单项试验,每组试样的取样数量宜不少于表T0301-1所规定的最少取样量。需做几项试验时,如确能保证试样经一项试验后不致影响另一项试验的结果时,可用同一组试样进行几项不同的试验。

表 T0301-1 各试验项目所需粗集料的最小取样质量

试验项目	相对于下列公称最大粒径(mm)的最小取样量(kg)									
	4.75	9.5	13.2	16	19	26.5	31.5	37.5	53	63	75
筛分	8	10	12.5	15	20	20	30	40	50	60	80
表观密度	6	8	8	8	8	8	12	16	20	24	24
含水率	2	2	2	2	2	2	3	3	4	4	6
吸水率	2	2	2	2	4	4	4	6	6	6	8
堆积密度	40	40	40	40	40	40	80	80	100	120	120
含泥量	8	8	8	8	24	24	40	40	60	80	80
泥块含量	8	8	8	8	24	24	40	40	60	80	80
针片状含量	0.6	1.2	2.5	4	8	8	20	40	—	—	—
硫化物、硫酸盐	1.0										

注:①有机物含量、坚固性及压碎指标值试验,应按规定粒级要求取样,其试验所需试样数量,按本规程有关规定施行。

②采用广口瓶法测定表观密度时,集料最大粒径不大于40mm者,其最少取样数量为8kg。

4 试样的缩分

4.1 分料器法:将试样拌匀后如图T0301-2所示,通过分料器分为大致相等的两份,再取其中的一份分成两份,缩分至需要的数量为止。

4.2 四分法:如图T0301-3所示。将所取试样置于平板上,在自然状态下拌和均匀,大致摊平,然后沿互相垂直的两个方向,把试样由中向边摊开,分成大致相等的四份,取其对角的两份重新拌匀,重复上述过程,直至缩分后的材料量略多于进行试验所必需的量。

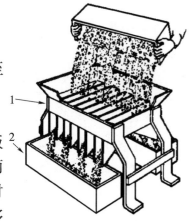

图 T0301-2 分料器
1-分料漏斗;2-接料斗

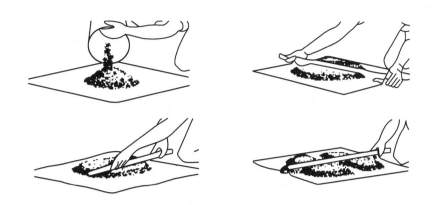

图 T0301-3 四分法示意图

4.3 缩分后的试样数量应符合各项试验规定数量的要求。

5 试样的包装

每组试样应采用能避免细料散失及防止污染的容器包装,并附卡片标明试样编号、取样时间、产地、规格、试样代表数量、试样品质、要求检验项目及取样方法等。

条文说明

材料取样的代表性非常重要,因为在不同的条件下,集料都有可能离析,它对沥青混合料的矿料级配影响很大。据美国的研究,施工质量管理的变异性是各种变异性的总和,可以下式表示:

$$S_{QC/QA}^2 = S_S^2 + S_t^2 + S_{mat./con.}^2$$

式中:$S_{QC/QA}$——检测指标的总的变异性;

S_S——取样代表性不足造成的变异性,约占 23%;

S_t——试验方法精度方面造成的变异性,约占 43%;

$S_{mat./con.}$——材料及施工过程本身的变异性,约占 34%。

因而取样和试验方法是施工检测指标变异性的主要原因。所以我们为了了解和减小施工质量检验指标的变异性,首先需要认真取样,认真按试验规程试验。

本方法尽可能考虑到各种场合粗细集料离析的可能性,对取样的部位、点数作出了规定,然后均匀取样、混合使用。尤其是对公路工程广泛遇到的皮带运输机取样作了新的规定。如图 T0301-4 所示,在采石场的皮带运输机端部掉下的材料往往是中间细,粗的滚向外侧。如果在料堆上取样,真正要想得到均匀的有代表性的试样是很困难的,所以本方法规定在皮带运输机上取样。在拌和楼的热料仓,断面上的粒径分布也不一样。因此严格均匀取样对于试验结果,尤其是筛分结果的影响是非常大的。

本规程原来所指的粗集料都是从水泥混凝土材料的规定引用过来的,所以一般都规定 4.75mm 以上的集料,或者用 4.75mm 过筛。但是国内外的沥青混合料矿料都把 2.36mm 作为粗细集料的分界,所以对水泥混凝土和沥青路面、基层的粗细集料的分界尺寸是有区别的。

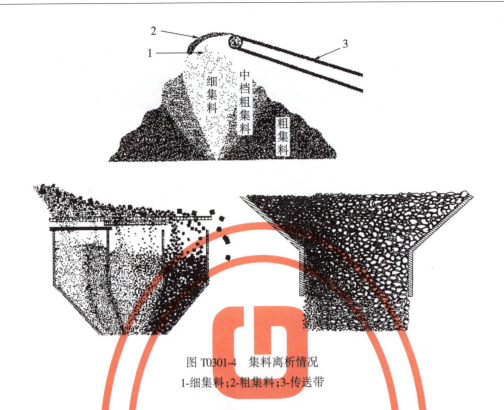

图 T0301-4 集料离析情况
1-细集料;2-粗集料;3-传送带

T 0302—2005 粗集料及集料混合料的筛分试验

1 目的与适用范围

1.1 测定粗集料(碎石、砾石、矿渣等)的颗粒组成。对水泥混凝土用粗集料可采用干筛法筛分,对沥青混合料及基层用粗集料必须采用水洗法试验。

1.2 本方法也适用于同时含有粗集料、细集料、矿粉的集料混合料筛分试验,如未筛碎石、级配碎石、天然砂砾、级配砂砾、无机结合料稳定基层材料、沥青拌和楼的冷料混合料、热料仓材料、沥青混合料经溶剂抽提后的矿料等。

2 仪具与材料

(1)试验筛:根据需要选用规定的标准筛。
(2)摇筛机。
(3)天平或台秤:感量不大于试样质量的 0.1%。
(4)其它:盘子、铲子、毛刷等。

3 试验准备

按规定将来料用分料器或四分法缩分至表 T0302-1 要求的试样所需量,风干后备用。根据需要可按要求的集料最大粒径的筛孔尺寸过筛,除去超粒径部分颗粒后,再进行筛分。

表 T0302-1　筛分用的试样质量

公称最大粒径(mm)	75	63	37.5	31.5	26.5	19	16	9.5	4.75
试样质量不少于(kg)	10	8	5	4	2.5	2	1	1	0.5

4　水泥混凝土用粗集料干筛法试验步骤

4.1　取试样一份置105℃±5℃烘箱中烘干至恒重,称取干燥集料试样的总质量(m_0),准确至0.1%。

4.2　用搪瓷盘作筛分容器,按筛孔大小排列顺序逐个将集料过筛。人工筛分时,需使集料在筛面上同时有水平方向及上下方向的不停顿的运动,使小于筛孔的集料通过筛孔,直至1min内通过筛孔的质量小于筛上残余量的0.1%为止;当采用摇筛机筛分时,应在摇筛机筛分后再逐个由人工补筛。将筛出通过的颗粒并入下一号筛,和下一号筛中的试样一起过筛,顺序进行,直至各号筛全部筛完为止。应确认1min内通过筛孔的质量确实小于筛上残余量的0.1%。

注:由于0.075mm筛干筛几乎不能把沾在粗集料表面的小于0.075mm部分的石粉筛过去,而且对水泥混凝土用粗集料而言,0.075mm通过率的意义不大,所以也可以不筛,且把通过0.15mm筛的筛下部分全部作为0.075mm的分计筛余,将粗集料的0.075mm通过率假设为0。

4.3　如果某个筛上的集料过多,影响筛分作业时,可以分两次筛分。当筛余颗粒的粒径大于19mm时,筛分过程中允许用手指轻轻拨动颗粒,但不得逐颗塞过筛孔。

4.4　称取每个筛上的筛余量,准确至总质量的0.1%。各筛分计筛余量及筛底存量的总和与筛分前试样的干燥总质量 m_0 相比,相差不得超过 m_0 的0.5%。

5　沥青混合料及基层用粗集料水洗法试验步骤

5.1　取一份试样,将试样置105℃±5℃烘箱中烘干至恒重,称取干燥集料试样的总质量(m_3),准确至0.1%。

注:恒重系指相邻两次称量间隔时间大于3h(通常不少于6h)的情况下,前后两次称量之差小于该项试验所要求的称量精密度。下同。

5.2　将试样置一洁净容器中,加入足够数量的洁净水,将集料全部淹没,但不得使用任何洗涤剂、分散剂或表面活性剂。

5.3　用搅棒充分搅动集料,使集料表面洗涤干净,使细粉悬浮在水中,但不得破碎集料或有集料从水中溅出。

5.4 根据集料粒径大小选择组成一组套筛,其底部为 0.075mm 标准筛,上部为 2.36mm 或 4.75mm 筛。仔细将容器中混有细粉的悬浮液倒出,经过套筛流入另一容器中,尽量不将粗集料倒出,以免损坏标准筛筛面。

注:无需将容器中的全部集料都倒出,只倒出悬浮液。且不可直接倒至 0.075mm 筛上,以免集料掉出损坏筛面。

5.5 重复 5.2~5.4 步骤,直至倒出的水洁净为止,必要时可采用水流缓慢冲洗。

5.6 将套筛每个筛子上的集料及容器中的集料全部回收在一个搪瓷盘中,容器上不得有沾附的集料颗粒。

注:沾在 0.075mm 筛面上的细粉很难回收扣入搪瓷盘中,此时需将筛子倒扣在搪瓷盘上用少量的水并助以毛刷将细粉刷落入搪瓷盘中,并注意不要散失。

5.7 在确保细粉不散失的前提下,小心泌去搪瓷盘中的积水,将搪瓷盘连同集料一起置 105℃±5℃烘箱中烘干至恒重,称取干燥集料试样的总质量(m_4),准确至 0.1%。以 m_3 与 m_4 之差作为 0.075mm 的筛下部分。

5.8 将回收的干燥集料按干筛方法筛分出 0.075mm 筛以上各筛的筛余量,此时 0.075mm 筛下部分应为 0,如果尚能筛出,则应将其并入水洗得到的 0.075mm 的筛下部分,且表示水洗得不干净。

6 计算

6.1 干筛法筛分结果的计算

6.1.1 计算各筛分计筛余量及筛底存量的总和与筛分前试样的干燥总质量 m_0 之差,作为筛分时的损耗,并计算损耗率,记入表 T0302-2 之第(1)栏,若损耗率大于 0.3%,应重新进行试验。

$$m_5 = m_0 - (\sum m_i + m_底) \qquad (T0302\text{-}1)$$

式中:m_5——由于筛分造成的损耗(g);

m_0——用于干筛的干燥集料总质量(g);

m_i——各号筛上的分计筛余(g);

i——依次为 0.075mm、0.15mm……至集料最大粒径的排序;

$m_底$——筛底(0.075mm 以下部分)集料总质量(g)。

6.1.2 干筛分计筛余百分率

干筛后各号筛上的分计筛余百分率按式(T0302-2)计算,记入表 T0302-2 之第(2)栏,精确至 0.1%

$$p'_i = \frac{m_i}{m_0 - m_5} \times 100 \qquad (T0302\text{-}2)$$

式中：p'_i——各号筛上的分计筛余百分率(%)；

m_5——由于筛分造成的损耗(g)；

m_0——用于干筛的干燥集料总质量(g)；

m_i——各号筛上的分计筛余(g)；

i——依次为 0.075mm、0.15mm……至集料最大粒径的排序。

6.1.3 干筛累计筛余百分率

各号筛的累计筛余百分率为该号筛以上各号筛的分计筛余百分率之和，记入表 T0302-2 之第(3)栏，精确至 0.1%。

6.1.4 干筛各号筛的质量通过百分率

各号筛的质量通过百分率 P_i 等于 100 减去该号筛累计筛余百分率，记入表 T0302-2 之第(4)栏，精确至 0.1%。

6.1.5 由筛底存量除以扣除损耗后的干燥集料总质量计算 0.075mm 筛的通过率。

6.1.6 试验结果以两次试验的平均值表示，记入表 T0302-2 之第(5)栏，精确至 0.1%。当两次试验结果 $P_{0.075}$ 的差值超过 1% 时，试验应重新进行。

表 T0302-2 粗集料干筛法筛分记录

干燥试样总量 m_0(g)	第1组				第2组				平均
	3000				3000				
筛孔尺寸(mm)	筛上重 m_i(g)	分计筛余(%)	累计筛余(%)	通过百分率(%)	筛上重 m_i(g)	分计筛余(%)	累计筛余(%)	通过百分率(%)	通过百分率(%)
	(1)	(2)	(3)	(4)	(1)	(2)	(3)	(4)	(5)
19	0	0	0	100	0	0	0	100	100
16	696.3	23.2	23.2	76.8	699.4	23.3	23.3	76.7	76.7
13.2	431.9	14.4	37.6	62.4	434.6	14.5	37.8	62.2	62.3
9.5	801.0	26.7	64.4	35.6	802.3	26.8	64.6	35.4	35.5
4.75	989.8	33.0	97.4	2.6	985.3	32.9	97.4	2.6	2.6
2.36	70.1	2.3	99.7	0.3	68.5	2.3	99.7	0.3	0.3
1.18	8.2	0.3	100.0	0.0	7.9	0.3	100.0	0.0	0.0
0.6	0.5	0.0	100.0	0.0	0.2	0.0	100.0	0.0	0.0
0.3	0.0	0.0	100.0	0.0	0.0	0.0	100.0	0.0	0.0

表 T0302-2（续）

干燥试样总量 m_0(g)	第1组 3000				第2组 3000				平均
筛孔尺寸（mm）	筛上重 m_i(g)	分计筛余（%）	累计筛余（%）	通过百分率（%）	筛上重 m_i(g)	分计筛余（%）	累计筛余（%）	通过百分率（%）	通过百分率（%）
	（1）	（2）	（3）	（4）	（1）	（2）	（3）	（4）	（5）
0.15	0.0	0.0	100.0	0.0	0.0	0.0	100.0	0.0	0.0
0.075	0.0	0.0	100.0	0.0	0.0	0.0	100.0	0.0	0.0
筛底 $m_底$	0.0	0.0	100.0		0.0	0.0	100.0		
筛分后总量 $\sum m_i$(g)	2997.8	100.0			2998.2	100.0			
损耗 m_5(g)	2.2				1.8				
损耗率（%）	0.07				0.06				

6.2 水筛法筛分结果的计算

6.2.1 按式（T0302-3）、（T0302-4）计算粗集料中 0.075mm 筛下部分质量 $m_{0.075}$ 和含量 $P_{0.075}$，记入表 T0302-3 中，精确至 0.1%。当两次试验结果 $P_{0.075}$ 的差值超过 1% 时，试验应重新进行。

$$m_{0.075} = m_3 - m_4 \tag{T0302-3}$$

$$P_{0.075} = \frac{m_{0.075}}{m_3} = \frac{m_3 - m_4}{m_3} \times 100 \tag{T0302-4}$$

式中：$P_{0.075}$——粗集料中小于 0.075mm 的含量（通过率）（%）；

$m_{0.075}$——粗集料中水洗得到的小于 0.075mm 部分的质量（g）；

m_3——用于水洗的干燥粗集料总质量（g）；

m_4——水洗后的干燥粗集料总质量（g）。

6.2.2 计算各筛分计筛余量及筛底存量的总和与筛分前试样的干燥总质量 m_4 之差，作为筛分时的损耗，并计算损耗率记入表 T0302-3 之第（1）栏，若损耗率大于 0.3%，应重新进行试验。

$$m_5 = m_3 - (\sum m_i + m_{0.075}) \tag{T0302-5}$$

式中：m_5——由于筛分造成的损耗（g）；

m_3——用于水筛筛分的干燥集料总质量（g）；

m_i——各号筛上的分计筛余（g）；

i——依次为 0.075mm、0.15mm……至集料最大粒径的排序；

$m_{0.075}$——水洗后得到的 0.075mm 以下部分质量（g），即 $(m_3 - m_4)$。

6.2.3 计算其它各筛的分计筛余百分率、累计筛余百分率、质量通过百分率,计算方法与 6.1 干筛法相同。当干筛时筛分有损耗时,应按 6.1 的方法从总质量中扣除损耗部分(见报告示例),将计算结果分别记入表 T0302-3 之第(2)、(3)、(4)栏。

6.2.4 试验结果以两次试验的平均值表示,记入表 T0302-3 之第(5)栏。

表 T0302-3 粗集料水筛法筛分记录

	干燥试样总量 m_3(g)	第 1 组				第 2 组				
		3000				3000				
	水洗后筛上总量 m_4(g)	2879				2868				平均
	水洗后 0.075mm 筛下量 $m_{0.075}$(g)	121				132				
	0.075mm 通过率 $P_{0.075}$(%)	4.0				4.4				4.2
	筛孔尺寸(mm)	筛上重 m_i (g)	分计筛余(%)	累计筛余(%)	通过百分率(%)	筛上重 m_i (g)	分计筛余(%)	累计筛余(%)	通过百分率(%)	通过百分率(%)
		(1)	(2)	(3)	(4)	(1)	(2)	(3)	(4)	(5)
水洗后干筛法筛分	19	5.0	0.2	0.2	99.8	0.0	0.0	0.0	100.0	99.9
	16	696.3	23.2	23.4	76.6	680.3	22.7	22.7	77.3	76.9
	13.2	882.3	29.4	52.8	47.2	839.2	28.0	50.7	49.3	48.2
	9.5	713.2	23.8	76.6	23.4	778.5	26.0	76.7	23.3	23.4
	4.75	343.4	11.5	88.1	11.9	348.7	11.6	88.3	11.7	11.8
	2.36	70.1	2.3	90.4	9.6	68.3	2.3	90.6	9.4	9.5
	1.18	87.5	2.9	93.3	6.7	79.1	2.6	93.2	6.8	6.7
	0.6	67.8	2.3	95.6	4.4	59.3	2.0	95.2	4.8	4.6
	0.3	4.6	0.2	95.7	4.3	4.3	0.1	95.3	4.7	4.5
	0.15	5.6	0.2	95.9	4.1	3.8	0.1	95.5	4.5	4.3
	0.075	2.3	0.1	96.0	4.0	4	0.1	95.6	4.4	4.2
	筛底 $m_{底}$[注]	0				0				
	干筛后总量 $\sum m_i$(g)	2878.1	96.0			2865.5	95.6			
	损耗 m_5(g)	0.9				2.5				
	损耗率(%)	0.03				0.09				
	扣除损耗后总量(g)	2999.1				2997.5				

注:如筛底 $m_{底}$ 的值不是 0,应将其并入 $m_{0.075}$ 中重新计算 $P_{0.075}$。

7 报告

7.1 筛分结果以各筛孔的质量通过百分率表示,宜记录为表 T0302-2 或表 T0302-3 的格式。

7.2 对用于沥青混合料、基层材料配合比设计用的集料,宜绘制集料筛分曲线,其横坐标为筛孔尺寸的 0.45 次方(见表 T0302-4),纵坐标为普通坐标,如图 T0302-1 所示。

表 T0302-4　级配曲线的横坐标(按 $x = d_i^{0.45}$ 计算)

筛孔 d_i(mm)	0.075	0.15	0.3	0.6	1.18	2.36	4.75
横坐标 x	0.312	0.426	0.582	0.795	1.077	1.472	2.016
筛孔 d_i(mm)	9.5	13.2	16	19	26.5	31.5	37.5
横坐标 x	2.745	3.193	3.482	3.762	4.370	4.723	5.109

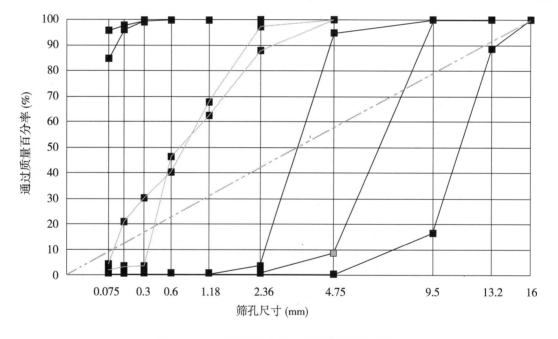

图 T0302-1　集料筛分曲线与矿料级配设计曲线

7.3 同一种集料至少取两个试样平行试验两次,取平均值作为每号筛上筛余量的试验结果,报告集料级配组成通过百分率及级配曲线。

条文说明

在国外的集料筛分试验中,用于公路工程的粗集料、细集料,一般都有水洗法和干筛法两个试验方法,代表性的是美国 ASTM C 136 或 AASHTO T 27 适用于干筛,ASTM C 117 或 AASHTO T 11 适用于水筛。然而在我国历来不管水泥混凝土集料或沥青路面集料,都直接采用干筛方法,0.075mm 筛通过量不经水洗确定,所以是不准确的。它对水泥混凝土材料来说也许问题不大,但对沥青混合料来说,集料表面沾附的矿粉筛不下来,配合比设计时不算进去,对配合比结果有一定的影响,直接影响添加矿粉的数量。所以仅仅对矿粉用水洗法还不够,对其它粗集料、细集料也必须由水洗法测定小于0.075mm的含量。另外,在施工现场用溶剂抽提法测定油石比及矿料级配时,颗粒上的粉料都经过溶剂冲洗,计入矿粉中,如果材料筛分是不计沾附的粉料含量时,两次筛分就不一致,必然造成误差。所以本次修订时,沥青路面集料的筛分试验无论对粗集料、细集料的原材料筛分进行目标配合比设计,或者在沥青厂从拌和机二次筛分后热料仓取样筛分进行生产配合比设计时,都要求分别进行水洗法,以准确确定0.075mm通过率。干筛法仅适用于水泥混凝土用集料,试验时请务必注意。

筛分时,对1min内通过筛孔的质量小于筛上残余量的数值要求,国内外的试验方法并不统一,例如美国要求到0.1%为止,日本要求到1%为止,也有要求0.5%的(如我国台湾),实际上也不过是一种经验性的观察,不可能真正去称量,本次统一为0.1%。

在国外的水筛试验方法中,也常用一种快速试验方法。试验时用两份试样,一份集料水洗专门测定0.075mm通过率;另一份集料直接进行干筛,或用火炒烘干后干筛,确定各个粒级的含量或通过百分率,这样可以节省试验时间。考虑到小于0.075mm部分的含量与粗集料总量相比是很少的,在计算粗集料筛余量时就忽略掉沾附在集料上用干筛法筛不下去的小于0.075mm的部分。这对于规格化的粗集料往往是可以的,2000年版的方法就是按照这个思路编写的。但是在实践中经常会遇到集料中的细粉量较多,例如集料混合料的情况就是这样,计算时不把这部分考虑进去会有大的误差。也有不少试验人员对此计算方法提出意见。本次修订时,为避免这种混乱,不再采用两份试样分别干筛和水筛,也不允许炒干,要求直接用水筛后的筛上部分烘干再干筛,然后一起计算,就不会产生混乱了。这样,本方法不仅适用于粗集料,实际上也适用于集料混合料,如基层集料混合料、沥青拌和楼二次筛分的集料混合料(生产配合比设计)等。集料混合料中不仅含有粗集料,也有细集料、矿粉,甚至还有土。

T 0303—2005 含土粗集料筛分试验

1 目的与适用范围

本方法适用于测定含粘性土的粗集料的颗粒组成。

注:如天然的砂砾土、碎石土以及中低级路面的材料,粘性土颗粒包覆在砾石(碎石)和砂颗粒上。T 0302的方法不适用于这类材料。

2 仪具与材料

(1)试验筛:根据需要选用规定的标准筛。
(2)天平或台秤:感量不大于试样质量的0.1%。
(3)烘箱:能保持温度105℃±5℃。
(4)容器:能在此容器内剧烈搅动试样而不会使试样或水损失。
(5)其它:盘子、铲子、毛刷等。

3 试验准备

将来料用分料器或四分法缩分至表T0303-1要求的试样所需量,烘干或风干后备用。

表 T0303-1 筛分用的试样质量

公称最大粒径(mm)	75	63	37.5	31.5	26.5	19	16	9.5	4.75
试样质量不少于(kg)	10	8	5	4	2.5	2	1	1	0.5

4 含土粗集料筛分试验步骤

4.1 将试样放在浅盘内,并一起放到温度保持在105℃±5℃的烘箱内烘干24h±1h。

4.2 从烘箱中取出试样,冷却后称重,准确至样品质量的0.1%,用 $m_1(g)$ 表示。

4.3 将试样放到容器内,向容器内注水,淹没试样。

4.4 剧烈搅动容器内的试样和水,使粘在粗颗粒上的小于0.075mm的颗粒完全分离下来,并悬浮在水中。

4.5 在需要试验细土的液限和塑性指数时,将容器内的悬浮液倒在0.6mm筛孔的筛上,筛下放一接受悬浮液的容器。

4.6 将筛上剩余料回收到清洗容器内。

4.7 重复上述步骤至清洗容器内的水清洁。

4.8 将洗净的集料放在浅盘内,并一起放于温度为105℃±5℃的烘箱内烘干8h~12h。

4.9 从烘箱中取出试样,冷却后称其质量,准确至原样品质量的0.1%,用 $m_2(g)$ 表示。按 T 0302 的方法对试样进行筛分(干筛)。

4.10 将容器内的悬浮液澄清,使细土沉淀。在沉淀过程中分数次将上层的清水细心倒出,注意勿倒出沉淀物。

4.11 待容器底部的细土风干后,取出粉碎并拌匀。从中取出一部分做液限和塑性试验。

4.12 取部分风干细土放在105℃±5℃的烘箱内烘干24h±1h,冷却后,称量100g,用 $m_3(g)$ 表示。

4.13 将烘干细土放到一容器内,向容器内注水,并剧烈搅动容器内的水和土,使小于

0.075mm 的颗粒与 0.075mm～0.6mm 的颗粒分离。

4.14 将悬浮液倾倒在 0.075mm 筛孔的筛上,继续清洗筛上的剩余料,直到筛下的洗液清洁为止。

4.15 将筛反扣过来用水仔细冲洗入浅盘中,放在 105℃±5℃ 的烘箱内烘干 8h～12h,冷却并称其质量,用 $m_4(g)$ 表示。

4.16 在不需要试验细土的液限和塑性指数时,可直接将悬浮液倾倒在 0.075mm 筛孔的筛上,反复清洗容器内的集料,直到容器内的水洁净。

4.17 按 4.15 的方法将筛上的清洁料收回,与容器内的清洁料一起烘干,冷却,并称其质量,用 $m_5(g)$ 表示。

4.18 按 T 0302 的方法将烘干的集料进行筛分。

5 集料混合料筛分试验步骤

按 T 0302 水洗法测定 0.075mm 筛下部分的含量(通过率)。

6 计算

6.1 按式(T0303-1)计算小于 0.6mm 的颗粒含量。

$$C = \frac{m_1 - m_2}{m_1} \times 100 \quad (\text{T0303-1})$$

式中:C——小于 0.6mm 的颗粒含量(%);

m_1——烘干试样的质量(g);

m_2——0.6mm 筛孔筛上集料的烘干质量(g)。

6.2 按式(T0303-2)计算细土中小于 0.075mm 的颗粒的含量。

$$F' = \frac{m_3 - m_4}{m_3} \times 100 \quad (\text{T0303-2})$$

式中:F'——细土中小于 0.075mm 的颗粒含量(%);

m_3——细土的烘干质量(g);

m_4——0.075mm～0.6mm 颗粒的烘干质量(g)。

6.3 按式(T0303-3)计算整个集料中小于 0.075mm 的颗粒含量。

$$F = C \times F' \quad (\text{T0303-3})$$

式中：F——整个集料中小于0.075mm的颗粒含量（%）。

6.4 按式(T0303-4)计算集料中小于0.075mm的颗粒含量。

$$G = \frac{m_1 - m_5}{m_1} \times 100 \quad (T0303\text{-}4)$$

式中：G——集料中小于0.075mm的颗粒含量（%）；
m_5——0.075mm筛上全部集料的烘干质量（g）。

条文说明

必须注意，采用本方法淘洗掉的部分实际上不完全是"泥"，也包括能够悬浮且能够通过0.075mm筛的极细砂和石粉。

T 0304—2005 粗集料密度及吸水率试验（网篮法）

1 目的与适用范围

本方法适用于测定各种粗集料的表观相对密度、表干相对密度、毛体积相对密度、表观密度、表干密度、毛体积密度，以及粗集料的吸水率。

2 仪具与材料

(1)天平或浸水天平：可悬挂吊篮测定集料的水中质量，称量应满足试样数量称量要求，感量不大于最大称量的0.05%。
(2)吊篮：耐锈蚀材料制成，直径和高度为150mm左右，四周及底部用1mm～2mm的筛网编制或具有密集的孔眼。
(3)溢流水槽：在称量水中质量时能保持水面高度一定。
(4)烘箱：能控温在105℃±5℃。
(5)毛巾：纯棉制，洁净，也可用纯棉的汗衫布代替。
(6)温度计。
(7)标准筛。
(8)盛水容器（如搪瓷盘）。
(9)其它：刷子等。

3 试验准备

3.1 将试样用标准筛过筛除去其中的细集料，对较粗的粗集料可用4.75mm筛过筛，对2.36mm～4.75mm集料，或者混在4.75mm以下石屑中的粗集料，则用2.36mm标准筛过筛,用四分法或分料器法缩分至要求的质量,分两份备用。对沥青路面用粗集料,应对不同规格的集料分别测定,不得混杂,所取的每一份集料试样应基本上保持原有的级配。在测定 2.36mm~4.75mm 的粗集料时,试验过程中应特别小心,不得丢失集料。

3.2 经缩分后供测定密度和吸水率的粗集料质量应符合表 T0304-1 的规定。

表 T0304-1 测定密度所需要的试样最小质量

公称最大粒径(mm)	4.75	9.5	16	19	26.5	31.5	37.5	63	75
每一份试样的最小质量(kg)	0.8	1	1	1	1.5	1.5	2	3	3

3.3 将每一份集料试样浸泡在水中,并适当搅动,仔细洗去附在集料表面的尘土和石粉,经多次漂洗干净至水完全清澈为止。清洗过程中不得散失集料颗粒。

4 试验步骤

4.1 取试样一份装入干净的搪瓷盘中,注入洁净的水,水面至少应高出试样 20mm,轻轻搅动石料,使附着在石料上的气泡完全逸出。在室温下保持浸水 24h。

4.2 将吊篮挂在天平的吊钩上,浸入溢流水槽中,向溢流水槽中注水,水面高度至水槽的溢流孔,将天平调零。吊篮的筛网应保证集料不会通过筛孔流失,对 2.36mm~4.75mm 粗集料应更换小孔筛网,或在网篮中加放入一个浅盘。

4.3 调节水温在 15℃~25℃ 范围内。将试样移入吊篮中。溢流水槽中的水面高度由水槽的溢流孔控制,维持不变。称取集料的水中质量(m_w)。

4.4 提起吊篮,稍稍滴水后,较粗的粗集料可以直接倒在拧干的湿毛巾上。将较细的粗集料(2.36mm~4.75mm)连同浅盘一起取出,稍稍倾斜搪瓷盘,仔细倒出余水,将粗集料倒在拧干的湿毛巾上,用毛巾吸走从集料中漏出的自由水。此步骤需特别注意不得有颗粒丢失,或有小颗粒附在吊篮上。再用拧干的湿毛巾轻轻擦干集料颗粒的表面水,至表面看不到发亮的水迹,即为饱和面干状态。当粗集料尺寸较大时,宜逐颗擦干。注意对较粗的粗集料,拧湿毛巾时不要太用劲,防止拧得太干,对较细的含水较多的粗集料,毛巾可拧得稍干些。擦颗粒的表面水时,既要将表面水擦掉,又千万不能将颗粒内部的水吸出。整个过程中不得有集料丢失,且已擦干的集料不得继续在空气中放置,以防止集料干燥。

注:对 2.36mm~4.75mm 集料,用毛巾擦拭时容易沾附细颗粒集料从而造成集料损失,此时宜改用洁净的纯棉汗衫布擦拭至表干状态。

4.5 立即在保持表干状态下,称取集料的表干质量(m_f)。

4.6 将集料置于浅盘中,放入 105℃±5℃ 的烘箱中烘干至恒重。取出浅盘,放在带盖的容器中冷却至室温,称取集料的烘干质量(m_a)。

注:恒重是指相邻两次称量间隔时间大于 3h 的情况下,其前后两次称量之差小于该项试验要求的精密度,即 0.1%。一般在烘箱中烘烤的时间不得少于 4h~6h。

4.7 对同一规格的集料应平行试验两次,取平均值作为试验结果。

5 计算

5.1 表观相对密度 γ_a、表干相对密度 γ_s、毛体积相对密度 γ_b 按式(T0304-1)、(T0304-2)、(T0304-3)计算至小数点后 3 位。

$$\gamma_a = \frac{m_a}{m_a - m_w} \quad (T0304\text{-}1)$$

$$\gamma_s = \frac{m_f}{m_f - m_w} \quad (T0304\text{-}2)$$

$$\gamma_b = \frac{m_a}{m_f - m_w} \quad (T0304\text{-}3)$$

式中:γ_a——集料的表观相对密度,无量纲;
γ_s——集料的表干相对密度,无量纲;
γ_b——集料的毛体积相对密度,无量纲;
m_a——集料的烘干质量(g);
m_f——集料的表干质量(g);
m_w——集料的水中质量(g)。

5.2 集料的吸水率以烘干试样为基准,按式(T0304-4)计算,精确至 0.01%。

$$w_x = \frac{m_f - m_a}{m_a} \times 100 \quad (T0304\text{-}4)$$

式中:w_x——粗集料的吸水率(%)。

5.3 粗集料的表观密度(视密度)ρ_a、表干密度 ρ_s、毛体积密度 ρ_b,按式(T0304-5)、(T0304-6)、(T0304-7)计算,准确至小数点后 3 位。不同水温条件下测量的粗集料表观密度需进行水温修正,不同试验温度下水的密度 ρ_T 及水的温度修正系数 α_T 按附录 B 选用。

$$\rho_a = \gamma_a \times \rho_T \quad 或 \quad \rho_a = (\gamma_a - \alpha_T) \times \rho_w \quad (T0304\text{-}5)$$

$$\rho_s = \gamma_s \times \rho_T \quad 或 \quad \rho_s = (\gamma_s - \alpha_T) \times \rho_w \quad (T0304\text{-}6)$$

$$\rho_b = \gamma_b \times \rho_T \quad 或 \quad \rho_b = (\gamma_b - \alpha_T) \times \rho_w \quad (T0304\text{-}7)$$

式中:ρ_a——粗集料的表观密度(g/cm^3);
ρ_s——粗集料的表干密度(g/cm^3);

ρ_b——粗集料的毛体积密度(g/cm³);

ρ_T——试验温度 T 时水的密度(g/cm³),按附录 B 表 B-1 取用;

α_T——试验温度 T 时的水温修正系数;

ρ_w——水在 4℃时的密度(1.000g/cm³)。

6 精密度或允许差

重复试验的精密度,对表观相对密度、表干相对密度、毛体积相对密度,两次结果相差不得超过 0.02,对吸水率不得超过 0.2%。

条文说明

现在对粗集料的密度、相对密度的定义、测定、使用方法比较混乱,常常出现错误的理解。首先应特别注意各种相对密度和密度的不同用途,工程上常用相对密度而少用密度。例如在沥青混合料的配合比设计时,常用表观相对密度、毛体积相对密度,有时(如日本)也用表干相对密度,而对水泥混凝土材料则常用表干相对密度。

本规程在测定集料密度时考虑了测定时不同温度的水的密度的影响,计算试验温度下的密度。可是实际上沥青混合料配合比设计或施工质量检验计算最大理论相对密度时,使用的是室温条件下粗集料与水的相对密度(水在不同温度时的密度见附录 B 表 B-1),此温度差对混合料的空隙率有影响。规程是先测定粗集料相对密度,在需要时再计算密度。美国 AASHTO T 85(ASTM C 127)特别强调了三种密度与相对密度的不同,相对密度以 23℃/23℃为准,与 4℃密度相差 0.9975 倍,所以使用时绝对不能混淆。

必须注意,在沥青混合料配合比设计时,仅需要测定集料的相对密度,而不是经过温度换算后的密度。由于集料相对密度的测定值很大程度上影响沥青混合料的理论最大相对密度和空隙率等一系列体积指标的准确性,所以准确测定集料的相对密度至关重要。许多工程混合料的空隙率不准都是因为相对密度测定不准确造成的。

密度是在一定条件下测量的单位体积的质量,单位为 t/m³ 或 g/cm³,通常以 ρ 表示。对材料内部没有孔隙的匀质材料,测定的密度只有一种。但对于工程上用的粗细集料,由于材料状态及测定条件的不同,便衍生出各种各样的"密度"来。计算密度用的质量有干燥质量与潮湿质量的不同,计算用的体积也因所包含集料内部的孔隙情况不同,因而计算结果就不一样,由此得出不同的密度定义。

①真实密度:矿粉的密度接近于真实密度,它是规定条件下,材料单位体积(全部为矿质材料的体积,不计任何内部孔隙)的质量,也叫真密度。

②毛体积密度:其计算单位体积为表面轮廓线范围内的全部毛体积,包含了材料实体、开口及闭口孔隙。当质量以干质量(烘干)为准时,称绝干毛体积密度,即通常所称的毛体积密度。

③表干密度:其计算单位体积与毛体积密度相同,但计算质量以表干质量(饱和面干状态,包括了吸入开口孔隙中的水)为准时,称表干毛体积密度,即通常所称的表干密度。

④表观密度:材料单位体积中包含了材料实体及不吸水的闭口孔隙,但不包括能吸水的开口孔隙,也称视密度。

本规程 T 0304 及 T 0308 规定了粗集料的各种密度和各种相对密度的测定方法。测定时,集料的烘干质量(绝干状态)为 m_a,即矿质实体的质量。当用网篮或广口瓶测定集料的水中质量时,由浮力测定的集料排开水的体积即为矿质实体包括内部闭口孔隙在内的体积,即烘干质量 m_a 与水中质量 m_w 之差。并由此计算得表观相对密度(Apparent Specific Gravity)。

当集料成为表干状态(即饱和面干状态)时,集料仅擦干了表面水,开口孔隙中仍充满了水,集料的表干质量 m_f 与水中质量 m_w 之差相当于除了浮力以外又加上了开口孔隙的体积,即为集料的毛体积。由此求得的绝干毛体积相对密度,即通常所称的毛体积相对密度(Bulk Specific Gravity,简称B-S-G)。

粗集料的表干状态不易掌握好,用拧干的湿毛巾轻轻擦去表面水渍,但切不可过分,不得将内部的毛细水吸出。

表干相对密度(Saturated Surface-Dry Bulk Specific Gravity)是在计算时使用已被水浸满开口孔隙的毛体积质量(饱和面干质量)作为集料质量。

在测得三种相对密度后便可以利用附录 B 水的温度与密度的关系,换算得到表观密度(Apparent Density)、毛体积密度(Bulk Density)及表干密度(Saturated Surface-Dry Bulk Density)。

集料的吸水率 w_x 即吸入集料开口孔隙中的水的质量与集料固体部分质量之比。

本规程以 γ_a 代表表观相对密度,γ_s 代表表干相对密度,γ_b 代表毛体积相对密度,w_x 代表吸水率,这几个测定值之间可互相换算:

$$\gamma_s = \left(1 + \frac{w_x}{100}\right) \times \gamma_b$$

$$\gamma_a = \frac{1}{\dfrac{1}{\gamma_b} - \dfrac{w_x}{100}}$$

$$\gamma_a = \frac{1}{\dfrac{1 + w_x/100}{\gamma_s} - \dfrac{w_x}{100}}$$

$$w_x = \left(\frac{1}{\gamma_b} - \frac{1}{\gamma_a}\right) \times 100$$

关于密度与相对密度的试验精密度要求,美国 ASTM C 127 的规定如表 T0304-2,可参考使用。但是在试验时必须努力减小误差,因为真正按照下面的误差,在使用于沥青混合料的最大相对密度和空隙率计算时,造成的差异就太大了。

表 T0304-2 ASTM C 127 对密度试验的精密度要求

项　目	标　准　差	两次结果的允许差
重　现　性		
表观相对密度	0.007	0.020
表干相对密度	0.007	0.020
毛体积相对密度	0.009	0.025
吸水率	0.088	0.25
再　现　性		
表观相对密度	0.011	0.032
表干相对密度	0.011	0.032
毛体积相对密度	0.013	0.038
吸水率	0.145	0.41

原规程的本方法要求集料都用4.75mm过筛后测定,即它只适用于4.75mm以上粗集料。但是为沥青混合料测定2.36mm~4.75mm粗集料各种密度的需要,本规程修订时将其扩大至2.36mm以上。但是对2.36mm~4.75mm这一档料,毕竟比较困难,因其容易散失,或者沾附在网篮、毛巾上。为此本规程容许在网篮中放一个浅盘,取出浅盘时其中肯定有水,在倒水时千万要注意不能将集料一起倒出。集料中的水倒得不干净,将会使毛巾太湿,所以毛巾可以拧得干一些,甚至换一块毛巾擦拭。如果用毛巾容易沾附细颗粒,也可以采用纯棉的汗衫布擦。总之,按此法试验时,不致集料散失和擦干到饱和面干状态要恰到好处是控制试验精度的关键。

集料的密度对沥青混合料的配合比设计特别重要,但往往试验误差也比较大,所以必须仔细按照试验规程的方法执行,千万不可各行其是。

为了考察集料在沥青中吸附沥青的情况,日本有一种集料在沥青中的浸渍密度的试验方法,在研究集料吸收沥青的程度或有效沥青含量时常采用此方法,试验时不用水作为介质,而采用热沥青。由于该方法使用较少,本规程未列入,有兴趣者可以参照日本道路公团试验方法进行。

T 0305—1994 粗集料含水率试验

1 目的与适用范围

测定碎石或砾石等各种粗集料的含水率。

2 仪具与材料

(1)烘箱:能使温度控制在105℃±5℃。
(2)天平:称量5kg,感量不大于5g。
(3)容器:如浅盘等。

3 试验步骤

3.1 根据最大粒径,按 T 0301 的方法取代表性试样,分成两份备用。

3.2 将试样置于干净的容器中,称量试样和容器的总质量(m_1),并在105℃±5℃的烘箱中烘干至恒重。

3.3 取出试样,冷却后称取试样与容器的总质量(m_2)。

4 计算

含水率按式(T0305-1)计算,精确至0.1%。

$$w = \frac{m_1 - m_2}{m_2 - m_3} \times 100 \tag{T0305-1}$$

式中:w——粗集料的含水率(%);
m_1——烘干前试样与容器总质量(g);

m_2——烘干后试样与容器总质量(g);

m_3——容器质量(g)。

5 报告

以两次平行试验结果的算术平均值作为测定值。

T 0306—1994 粗集料含水率快速试验(酒精燃烧法)

1 目的与适用范围

快速测定碎石或砾石的含水率。

2 仪具与材料

(1)天平:称量1000g,感量不大于1.0g。
(2)容器:铁或铝制浅盘。
(3)大于50mL的量筒或量杯。
(4)酒精:普通工业酒精。

3 试验步骤

3.1 取洁净容器,称其质量(m_0)。

3.2 向干净的容器中加入约500g试样,称取试样与容器合质量(m_1)。

3.3 向容器中的试样加入酒精约50mL,拌和均匀点火燃烧,并不断翻拌试样,待火焰熄灭后,过1min再加入酒精约50mL,仍按上述步骤进行。

3.4 待第二次火焰熄灭后,称取干试样与容器总质量(m_2)。

注:试样经两次燃烧,表面应呈干燥色,否则须再加酒精燃烧一次。

4 计算

粗集料含水率按式(T0306-1)计算,精确至0.1%。

$$w = \frac{m_1 - m_2}{m_2 - m_0} \times 100 \qquad (T0306\text{-}1)$$

式中:w——粗集料含水率(%);

m_0——容器质量(g);

m_1——烧干前试样与容器总质量(g);

m_2——烘干后试样与容器总质量(g)。

5 报告

以两次平行试验结果的算术平均值作为测定值。

T 0307—2005　粗集料吸水率试验

1　目的与适用范围

测定碎石或砾石的吸水率,即测定以烘干质量为基准的饱和面干状态含水率。

2　仪具与材料

(1)烘箱:能使温度控制在 105℃ ± 5℃。
(2)天平:称量 5kg,感量不大于 5g。
(3)标准筛:孔径为 4.75mm、2.36mm。
(4)其它:容器、浅盘、金属丝刷和毛巾等。

3　试验准备

将取来样过筛,对水泥混凝土的集料采用 4.75mm 筛,沥青混合料的集料用 2.36mm 筛,分别筛去筛孔以下的颗粒。然后按 T 0301 的方法制备试样,分成两份,用金属丝刷子刷净后备用。

4　试验步骤

4.1　取试样 1 份置于盛水的容器中,使水面高出试样表面 5mm 左右,24h 后从水中取出试样,并用拧干的湿毛巾将颗粒表面的水分轻轻拭干,即成饱和面干试样。立即将试样放在浅盘中称量(m_2)。在整个试验过程中,水温须保持在 20℃ ± 5℃。

4.2　将饱和面干试样连同浅盘置于 105℃ ± 5℃ 的烘箱中烘干至恒重,然后取出,放入带盖的容器中冷却 1h 以上,称取烘干试样与浅盘的总质量(m_1)。

5　计算

吸水率按式(T0307-1)计算,精确至 0.01%。

$$w_x = \frac{m_2 - m_1}{m_1 - m_3} \times 100 \tag{T0307-1}$$

式中:w_x——集料的吸水率(%);
　　　m_1——烘干试样与浅盘总质量(g);
　　　m_2——烘干前饱和面干试样与浅盘总质量(g);
　　　m_3——浅盘的质量(g)。

6 报告

以两次平行试验结果的算术平均值作为测定值。

T 0308—2005 粗集料密度及吸水率试验(容量瓶法)

1 目的与适用范围

1.1 本方法适用于测定碎石、砾石等各种粗集料的表观相对密度、表干相对密度、毛体积相对密度、表观密度、表干密度、毛体积密度,以及粗集料的吸水率。

1.2 本方法测定的结果不适用于仲裁及沥青混合料配合比设计计算理论密度时使用。

2 仪具与材料

(1)天平或浸水天平:可悬挂吊篮测定集料的水中质量,称量应满足试样数量称量要求,感量不大于最大称量的0.05%。

(2)容量瓶:1000mL,也可用磨口的广口玻璃瓶代替,并带玻璃片。

(3)烘箱:能控温在105℃±5℃。

(4)标准筛:4.75mm、2.36mm。

(5)其它:刷子、毛巾等。

3 试验准备

3.1 将取来样过筛,对水泥混凝土的集料采用4.75mm筛,沥青混合料的集料用2.36mm筛,分别筛去筛孔以下的颗粒。然后用四分法或分料器法缩分至表T0308-1要求的质量,分两份备用。

表T0308-1 测定密度所需要的试样最小质量

公称最大粒径(mm)	4.75	9.5	16	19	26.5	31.5	37.5	63	75
每一份试样的最小质量(kg)	0.8	1	1	1	1.5	1.5	2	3	3

3.2 将每一份集料试样浸泡在水中,仔细洗去附在集料表面的尘土和石粉,经多次漂洗干净至水清澈为止。清洗过程中不得散失集料颗粒。

4 试验步骤

4.1 取试样一份装入容量瓶(广口瓶)中,注入洁净的水(可滴入数滴洗涤灵),水面高出试样,轻轻摇动容量瓶,使附着在石料上的气泡逸出。盖上玻璃片,在室温下浸水24h。

注:水温应在15℃~25℃范围内,浸水最后2h内的水温相差不得超过2℃。

4.2 向瓶中加水至水面凸出瓶口,然后盖上容量瓶塞,或用玻璃片沿广口瓶瓶口迅速滑行,使其紧贴瓶口水面。玻璃片与水面之间不得有空隙。

4.3 确认瓶中没有气泡,擦干瓶外的水分后,称取集料试样、水、瓶及玻璃片的总质量(m_2)。

4.4 将试样倒入浅搪瓷盘中,稍稍倾斜搪瓷盘,倒掉流动的水,再用毛巾吸干漏出的自由水。需要时可称取带表面水的试样质量(m_4)。

4.5 用拧干的湿毛巾轻轻擦干颗粒的表面水,至表面看不到发亮的水迹,即为饱和面干状态。当粗集料尺寸较大时,可逐颗擦干。注意拧湿毛巾时不要太用劲,防止拧得太干。擦颗粒的表面水时,既要将表面水擦掉,又不能将颗粒内部的水吸出。整个过程中不得有集料丢失。

4.6 立即称取饱和面干集料的表干质量(m_3)。

4.7 将集料置于浅盘中,放入105℃±5℃的烘箱中烘干至恒重。取出浅盘,放在带盖的容器中冷却至室温,称取集料的烘干质量(m_0)。

注:恒重是指相邻两次称量间隔时间大于3h的情况下,其前后两次称量之差小于该项试验所要求的精密度,即0.1%。一般在烘箱中烘烤的时间不得少于4h~6h。

4.8 将瓶洗净,重新装入洁净水,盖上容量瓶塞,或用玻璃片紧贴广口瓶瓶口水面。玻璃片与水面之间不得有空隙。确认瓶中没有气泡,擦干瓶外水分后称取水、瓶及玻璃片的总质量(m_1)。

5 计算

5.1 表观相对密度 γ_a、表干相对密度 γ_s、毛体积相对密度 γ_b 按式(T0308-1)、(T0308-2)、(T0308-3)计算至小数点后3位。

$$\gamma_a = \frac{m_0}{m_0 + m_1 - m_2} \qquad (T0308\text{-}1)$$

$$\gamma_s = \frac{m_3}{m_3 + m_1 - m_2} \qquad (T0308\text{-}2)$$

$$\gamma_b = \frac{m_0}{m_3 + m_1 - m_2} \qquad (T0308\text{-}3)$$

式中:γ_a——集料的表观相对密度,无量纲;

γ_s——集料的表干相对密度,无量纲;

γ_b——集料的毛体积相对密度,无量纲;

m_0——集料的烘干质量(g);
m_1——水、瓶及玻璃片的总质量(g);
m_2——集料试样、水、瓶及玻璃片的总质量(g);
m_3——集料的表干质量(g)。

5.2 集料的吸水率 w_x、含水率 w 以烘干试样为基准,按式(T0308-4)、(T0308-5)计算,精确至0.1%。

$$w_x = \frac{m_3 - m_0}{m_0} \times 100 \quad \text{(T0308-4)}$$

$$w = \frac{m_4 - m_0}{m_0} \times 100 \quad \text{(T0308-5)}$$

式中:m_4——集料饱和状态下含表面水的湿质量(g);
w_x——集料的吸水率(%);
w——集料的含水率(%)。

5.3 当水泥混凝土集料需要以饱和面干试样作为基准求取集料的吸水率 w_x 时,按式(T0308-6)计算,精确至0.1%,但需在报告中予以说明。

$$w_x = \frac{m_3 - m_0}{m_3} \times 100 \quad \text{(T0308-6)}$$

式中:w_x——集料的吸水率(%)。

5.4 粗集料的表观密度 ρ_a、表干密度 ρ_s、毛体积密度 ρ_b 按式(T0308-7)、(T0308-8)、(T0308-9)计算至小数点后3位。

$$\rho_a = \gamma_a \times \rho_T \quad \text{或} \quad \rho_a = (\gamma_a - \alpha_T) \times \rho_w \quad \text{(T0308-7)}$$

$$\rho_s = \gamma_s \times \rho_T \quad \text{或} \quad \rho_s = (\gamma_s - \alpha_T) \times \rho_w \quad \text{(T0308-8)}$$

$$\rho_b = \gamma_b \times \rho_T \quad \text{或} \quad \rho_b = (\gamma_b - \alpha_T) \times \rho_w \quad \text{(T0308-9)}$$

式中:ρ_a——集料的表观密度(g/cm³);
ρ_s——集料的表干密度(g/cm³);
ρ_b——集料的毛体积密度(g/cm³);
ρ_T——试验温度 T 时水的密度(g/cm³),按附录B表B-1取用;
α_T——试验温度 T 时的水温修正系数,按附录B表B-1取用;
ρ_w——水在4℃时的密度(1.000g/cm³)。

6 精密度或允许差

重复试验的精密度,两次结果之差对相对密度不得超过0.02,对吸水率不得超过0.2%。

条文说明

对粗集料,通常要求按 T 0304 用网篮法测定其密度及吸水率,当集料颗粒较小时(如对 3mm~5mm 集料),也可借用细集料的方法 T 0330 用容量瓶测定。在工地上快速测定时,可用广口瓶代替容量瓶测定粗集料相对密度,由于瓶外的水的影响及玻璃盖不易盖好等原因,试验精密度有影响,所以原规程称为简易法。此方法中的含水率与饱水率有所不同,饱水率需要真空排除气泡,吸水量要大一些,含水率相当于天然下雨水分达到饱和的情况。原规程关于表面含水率的概念不甚清楚,实践中也无使用价值,故予以删除。

T 0309—2005 粗集料堆积密度及空隙率试验

1 目的与适用范围

测定粗集料的堆积密度,包括自然堆积状态、振实状态、捣实状态下的堆积密度,以及堆积状态下的间隙率。

2 仪具与材料

(1)天平或台秤:感量不大于称量的0.1%。
(2)容量筒:适用于粗集料堆积密度测定的容量筒应符合表 T0309-1 的要求。
(3)平头铁锹。

表 T0309-1 容量筒的规格要求

粗集料公称最大粒径(mm)	容量筒容积(L)	容量筒规格(mm)			筒壁厚度(mm)
		内径	净高	底厚	
≤4.75	3	155±2	160±2	5.0	2.5
9.5~26.5	10	205±2	305±2	5.0	2.5
31.5~37.5	15	255±5	295±5	5.0	3.0
≥53	20	355±5	305±5	5.0	3.0

(4)烘箱:能控温 105℃±5℃。
(5)振动台:频率为 3000 次/min±200 次/min,负荷下的振幅为 0.35mm,空载时的振幅为 0.5mm。
(6)捣棒:直径 16mm、长 600mm、一端为圆头的钢棒。

3 试验准备

按 T 0301 的方法取样、缩分,质量应满足试验要求,在 105℃±5℃ 的烘箱中烘干,也可以摊在清洁的地面上风干,拌匀后分成两份备用。

4 试验步骤

4.1 自然堆积密度

取试样 1 份,置于平整干净的水泥地(或铁板)上,用平头铁锹铲起试样,使石子自由落入容量筒内。此时,从铁锹的齐口至容量筒上口的距离应保持为 50mm 左右,装满容量筒并除去凸出筒口表面的颗粒,并以合适的颗粒填入凹陷空隙,使表面稍凸起部分和凹陷部分的体积大致相等,称取试样和容量筒总质量(m_2)。

4.2 振实密度

按堆积密度试验步骤,将装满试样的容量筒放在振动台上,振动 3min,或者将试样分三层装入容量筒:装完一层后,在筒底垫放一根直径为 25mm 的圆钢筋,将筒按住,左右交替颠击地面各 25 下;然后装入第二层,用同样的方法颠实(但筒底所垫钢筋的方向应与第一层放置方向垂直);然后再装入第三层,如法颠实。待三层试样装填完毕后,加料填到试样超出容量筒口,用钢筋沿筒口边缘滚转,刮下高出筒口的颗粒,用合适的颗粒填平凹处,使表面稍凸起部分和凹陷部分的体积大致相等,称取试样和容量筒总质量(m_2)。

4.3 捣实密度

根据沥青混合料的类型和公称最大粒径,确定起骨架作用的关键性筛孔(通常为 4.75mm 或 2.36mm 等)。将矿料混合料中此筛孔以上颗粒筛出,作为试样装入符合要求规格的容器中达 1/3 的高度,由边至中用捣棒均匀捣实 25 次。再向容器中装入 1/3 高度的试样,用捣棒均匀地捣实 25 次,捣实深度约至下层的表面。然后重复上一步骤,加最后一层,捣实 25 次,使集料与容器口齐平。用合适的集料填充表面的大空隙,用直尺大体刮平,目测估计表面凸起部分与凹陷部分的容积大致相等,称取容量筒与试样的总质量(m_2)。

4.4 容量筒容积的标定

用水装满容量筒,测量水温,擦干筒外壁的水分,称取容量筒与水的总质量(m_w),并按水的密度对容量筒的容积作校正。

5 计算

5.1 容量筒的容积按式(T0309-1)计算。

$$V = \frac{m_w - m_1}{\rho_T} \qquad (\text{T0309-1})$$

式中:V——容量筒的容积(L);

m_1——容量筒的质量(kg);

m_w——容量筒与水的总质量(kg);

ρ_T——试验温度 T 时水的密度(g/cm³),按附录 B 表 B-1 选用。

5.2 堆积密度(包括自然堆积状态、振实状态、捣实状态下的堆积密度)按式(T0309-2)计算至小数点后 2 位。

$$\rho = \frac{m_2 - m_1}{V} \tag{T0309-2}$$

式中:ρ——与各种状态相对应的堆积密度(t/m³);

m_1——容量筒的质量(kg);

m_2——容量筒与试样的总质量(kg);

V——容量筒的容积(L)。

5.3 水泥混凝土用粗集料振实状态下的空隙率按式(T0309-3)计算。

$$V_c = \left(1 - \frac{\rho}{\rho_a}\right) \times 100 \tag{T0309-3}$$

式中:V_c——水泥混凝土用粗集料的空隙率(%);

ρ_a——粗集料的表观密度(t/m³);

ρ——按振实法测定的粗集料的堆积密度(t/m³)。

5.4 沥青混合料用粗集料骨架捣实状态下的间隙率按式(T0309-4)计算。

$$VCA_{DRC} = \left(1 - \frac{\rho}{\rho_b}\right) \times 100 \tag{T0309-4}$$

式中:VCA_{DRC}——捣实状态下粗集料骨架间隙率(%);

ρ_b——按 T 0304 确定的粗集料的毛体积密度(t/m³);

ρ——按捣实法测定的粗集料的自然堆积密度(t/m³)。

6 报告

以两次平行试验结果的平均值做为测定值。

条文说明

在 2000 年版规程中,对水泥混凝土集料及沥青路面集料规定有两套不同系列的容量筒,实际上相差很小,根本没有必要,为此次修改时将其统一为相同的一套,使与国外规定一致。

在美国对沥青玛蹄脂碎石混合料(SMA)进行配合比设计时,规定粗集料的松容重和单纯粗集料的集料间隙率 VCA_{DRC} 按照 AASHTO T 19 方法或 ASTM C 29 方法(Unit Weight and Voids in Aggregate)测定。但此时关于粗集料的定义需改为,起粗集料骨架作用的关键性筛孔通常是 4.75mm 或 2.36mm,将沥青混合料按配比组成的集料混合料中此筛孔以上的粗集料筛出作为试验用的试样。具体方法是:将粗集料分3次装入容器中,每次用一根直径16mm、长600mm、一端为圆头的钢棒,均匀地捣实集料25次,计算粗集料的堆积容重。

T 0310—2005 粗集料含泥量及泥块含量试验

1 目的与适用范围

测定碎石或砾石中小于0.075mm的尘屑、淤泥和粘土的总含量及4.75mm以上泥块颗粒含量。

2 仪具与材料

(1)台秤:感量不大于称量的0.1%。
(2)烘箱:能控温105℃±5℃。
(3)标准筛:测泥含量时用孔径为1.18mm、0.075mm的方孔筛各1只;测泥块含量时,则用2.36mm及4.75mm的方孔筛各1只。
(4)容器:容积约10L的桶或搪瓷盘。
(5)浅盘、毛刷等。

3 试验准备

按T 0301方法取样,将来样用四分法或分料器法缩分至表T0310-1所规定的量(注意防止细粉丢失并防止所含粘土块被压碎),置于温度为105℃±5℃的烘箱内烘干至恒重,冷却至室温后分成两份备用。

表 T0310-1 含泥量及泥块含量试验所需试样最小质量

公称最大粒径(mm)	4.75	9.5	16	19	26.5	31.5	37.5	63	75
试样最小质量(kg)	1.5	2	2	6	6	10	10	20	20

4 试验步骤

4.1 含泥量试验步骤

4.1.1 称取试样1份(m_0)装入容器内,加水,浸泡24h,用手在水中淘洗颗粒(或用毛刷洗刷),使尘屑、粘土与较粗颗粒分开,并使之悬浮于水中;缓缓地将浑浊液倒入1.18mm及0.075mm的套筛上,滤去小于0.075mm的颗粒。试验前筛子的两面应先用水湿润,在整个试验过程中,应注意避免大于0.075mm的颗粒丢失。

4.1.2 再次加水于容器中,重复上述步骤,直到洗出的水清澈为止。

4.1.3 用水冲洗余留在筛上的细粒,并将 0.075mm 筛放在水中(使水面略高于筛内颗粒)来回摇动,以充分洗除小于 0.075mm 的颗粒,而后将两只筛上余留的颗粒和容器中已经洗净的试样一并装入浅盘,置于温度为 105℃±5℃ 的烘箱中烘干至恒重,取出冷却至室温后,称取试样的质量(m_1)。

4.2 泥块含量试验步骤

4.2.1 取试样 1 份。

4.2.2 用 4.75mm 筛将试样过筛,称出筛去 4.75mm 以下颗粒后的试样质量(m_2)。

4.2.3 将试样在容器中摊平,加水使水面高出试样表面,24h 后将水放掉,用手捻压泥块,然后将试样放在 2.36mm 筛上用水冲洗,直至洗出的水清澈为止。

4.2.4 小心地取出 2.36mm 筛上试样,置于温度为 105℃±5℃ 的烘箱中烘干至恒重,取出冷却至室温后称量(m_3)。

5 计算

5.1 碎石或砾石的含泥量按式(T0310-1)计算,精确至 0.1%。

$$Q_n = \frac{m_0 - m_1}{m_0} \times 100 \qquad (T0310\text{-}1)$$

式中:Q_n——碎石或砾石的含泥量(%);
　　m_0——试验前烘干试样质量(g);
　　m_1——试验后烘干试样质量(g)。

以两次试验的算术平均值作为测定值,两次结果的差值超过 0.2% 时,应重新取样进行试验。对沥青路面用集料,此含泥量记为小于 0.075mm 颗粒含量。

5.2 碎石或砾石中粘土泥块含量按式(T0310-2)计算,精确至 0.1%。

$$Q_k = \frac{m_2 - m_3}{m_2} \times 100 \qquad (T0310\text{-}2)$$

式中:Q_k——碎石或砾石中粘土泥块含量(%);
　　m_2——4.75mm 筛筛余量(g);
　　m_3——试验后烘干试样质量(g)。

以两个试样两次试验结果的算术平均值为测定值,两次结果的差值超过 0.1% 时,应重新取样进行试验。

T 0311—2005 水泥混凝土用粗集料针片状颗粒含量试验(规准仪法)

1 目的与适用范围

1.1 本方法适用于测定水泥混凝土使用的 4.75mm 以上的粗集料的针状及片状颗粒含量,以百分率计。

1.2 本方法测定的针片状颗粒,是指使用专用规准仪测定的粗集料颗粒的最小厚度(或直径)方向与最大长度(或宽度)方向的尺寸之比小于一定比例的颗粒。

1.3 本方法测定的粗集料中针片状颗粒的含量,可用于评价集料的形状及其在工程中的适用性。

2 仪具与材料

(1)水泥混凝土集料针状规准仪和片状规准仪见图 T0311-1 和图 T0311-2,片状规准仪的钢板基板厚度 3mm,尺寸应符合表 T0311-1 的要求。

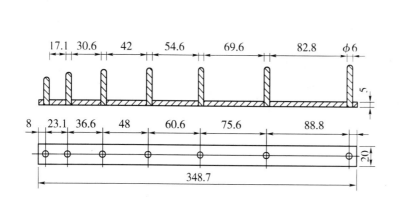

图 T0311-1 针状规准仪(尺寸单位:mm)

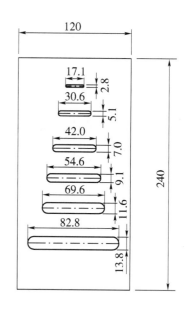

图 T0311-2 片状规准仪(尺寸单位:mm)

表 T0311-1 水泥混凝土集料针片状颗粒试验的粒级划分及其相应的规准仪孔宽或间距

粒级(方孔筛)(mm)	4.75~9.5	9.5~16	16~19	19~26.5	26.5~31.5	31.5~37.5
针状规准仪上相对应的立柱之间的间距宽(mm)	17.1 (B_1)	30.6 (B_2)	42.0 (B_3)	54.6 (B_4)	69.6 (B_5)	82.8 (B_6)
片状规准仪上相对应的孔宽(mm)	2.8 (A_1)	5.1 (A_2)	7.0 (A_3)	9.1 (A_4)	11.6 (A_5)	13.8 (A_6)

(2)天平或台秤:感量不大于称量值的0.1%。

(3)标准筛:孔径分别为4.75mm、9.5mm、16mm、19mm、26.5mm、31.5mm、37.5mm,试验时根据需要选用。

3 试验准备

将来样在室内风干至表面干燥,并用四分法或分料器法缩分至满足表T0311-2规定的质量,称量(m_0),然后筛分成表T0311-2所规定的粒级备用。

表 T0311-2 针片状颗粒试验所需的试样最小质量

公称最大粒径(mm)	9.5	16	19	26.5	31.5	37.5	37.5	37.5
试样最小质量(kg)	0.3	1	2	3	5	10	10	10

4 试验步骤

4.1 目测挑出接近立方体形状的规则颗粒,将目测有可能属于针片状颗粒的集料按表T0311-2所规定的粒级用规准仪逐粒对试样进行针状颗粒鉴定,挑出颗粒长度大于针状规准仪上相应间距而不能通过者,为针状颗粒。

4.2 将通过针状规准仪上相应间距的非针状颗粒逐粒对试样进行片状颗粒鉴定,挑出厚度小于片状规准仪上相应孔宽能通过者,为片状颗粒。

4.3 称量由各粒级挑出的针状颗粒和片状颗粒的质量,其总质量为m_1。

5 计算

碎石或砾石中针片状颗粒含量按式(T0311-1)计算,精确至0.1%。

$$Q_e = \frac{m_1}{m_0} \times 100 \tag{T0311-1}$$

式中:Q_e——试样的针片状颗粒含量(%);

m_1——试样中所含针状颗粒与片状颗粒的总质量(g);

m_0——试样总质量(g)。

注:如果需要可以分别计算针状颗粒和片状颗粒的含量百分数。

条文说明

用规准仪测定粗集料针片状颗粒含量的测定方法,仅适用于水泥混凝土集料。我国的国家标准《建筑用卵石、碎石》(GB/T 14685—2001)也采用此方法。本方法按照《建筑用卵石、碎石》(GB/T 14685—2001)的方法修改,但国家标准中大于37.5mm的碎石及卵石采用卡尺法检测针片状颗粒的含量,这么大的粒径对公路水泥混凝土路面及桥梁几乎不用,所以本方法没有列入。

在本方法的片状规准仪中,针状颗粒及片状颗粒的定义并没有一定的比例。片状规准仪的开口尺寸比例为1:6，但是实际上通过该孔的集料的比例也不一定是小于1:6的。以4.75mm～9.5mm集料为例，用间距17.1mm鉴定，凡是颗粒长度大于17.1mm者为针状颗粒，则比例为不小于1.8～3.6倍；将通过17.1mm的颗粒用2.8mm宽的片状规准仪鉴定，凡是厚度小于2.8mm的为片状颗粒，则比例为不小于1.7～3.4倍。如果某颗粒长度恰好为17.1mm，而宽度小于2.8mm，则其倍数大于6.1倍。也就是说通不过针状颗粒规准仪及通过片状颗粒规准仪的颗粒的最大长度与最小厚度的比例可能为1.7倍～6.1倍，所以用规准仪法测定的针片状颗粒含量也要比T 0312用卡尺法测定的1:3要少得多。这一点务必注意，两个方法千万不能混用。

T 0312—2005 粗集料针片状颗粒含量试验（游标卡尺法）

1 目的与适用范围

1.1 本方法适用于测定粗集料的针状及片状颗粒含量，以百分率计。

1.2 本方法测定的针片状颗粒，是指用游标卡尺测定的粗集料颗粒的最大长度（或宽度）方向与最小厚度（或直径）方向的尺寸之比大于3倍的颗粒。有特殊要求采用其它比例时，应在试验报告中注明。

1.3 本方法测定的粗集料中针片状颗粒的含量，可用于评价集料的形状和抗压碎能力，以评定石料生产厂的生产水平及该材料在工程中的适用性。

2 仪具与材料

(1) 标准筛：方孔筛4.75mm。
(2) 游标卡尺：精密度为0.1mm。
(3) 天平：感量不大于1g。

3 试验步骤

3.1 按本规程T 0301方法，采集粗集料试样。

3.2 按分料器法或四分法选取1kg左右的试样。对每一种规格的粗集料，应按照不同的公称粒径，分别取样检验。

3.3 用4.75mm标准筛将试样过筛，取筛上部分供试验用，称取试样的总质量m_0，准确至1g，试样数量应不少于800g，并不少于100颗。

注：对2.36mm～4.75mm级粗集料，由于卡尺量取有困难，故一般不作测定。

3.4 将试样平摊于桌面上，首先用目测挑出接近立方体的颗粒，剩下可能属于针状（细长）和片状（扁平）的颗粒。

3.5 按图 T0312-1 所示的方法将欲测量的颗粒放在桌面上成一稳定的状态,图中颗粒平面方向的最大长度为 L,侧面厚度的最大尺寸为 t,颗粒最大宽度为 w ($t<w<L$),用卡尺逐颗测量石料的 L 及 t,将 $L/t \geqslant 3$ 的颗粒(即最大长度方向与最大厚度方向的尺寸之比大于 3 的颗粒)分别挑出作为针片状颗粒。称取针片状颗粒的质量 m_1,准确至 1g。

注:稳定状态是指平放的状态,不是直立状态,侧面厚度的最大尺寸 t 为图中状态的颗粒顶部至平台的厚度,是在最薄的一个面上测量的,但并非颗粒中最薄部位的厚度。

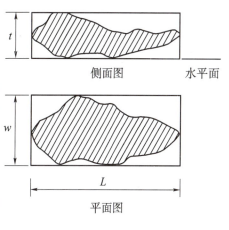

图 T0312-1 针片状颗粒稳定状态

4 计算

按公式(T0312-1)计算针片状颗粒含量。

$$Q_e = \frac{m_1}{m_0} \times 100 \tag{T0312-1}$$

式中:Q_e——针片状颗粒含量(%);
m_0——试验用的集料总质量(g);
m_1——针片状颗粒的质量(g)。

5 报告

5.1 试验要平行测定两次,计算两次结果的平均值。如两次结果之差小于平均值的 20%,取平均值为试验值;如大于或等于 20%,应追加测定一次,取三次结果的平均值为测定值。

5.2 试验报告应报告集料的种类、产地、岩石名称、用途。

条文说明

本方法参照美国、欧洲及日本的标准试验方法编写。粗集料的针片状颗粒含量测定适用于 4.75mm 以上的颗粒,对 4.75mm 以下的 3mm~5mm 石屑一般不作测定。日本和欧洲都明确针片状颗粒的定义是最长端与最薄部分的比例 L/b 为 3∶1,而美国 ASTM D 4791—95 规定了测定 L/b 为 2∶1、3∶1 和 5∶1 不同标准针片状颗粒含量的试验方法,并采用专用的测定机具如图 T0312-2 所示。SHRP 的 SUPERPAVE 仅规定 5∶1 一个标准,并提出要求在设计交通量大于 100 万辆的路段都不得超过 10%。NCAT 认为按 5∶1 的规定检测结果几乎都接近于 0,没有实际意义,建议用 3∶1。在 NCAT 和 FHWA 的 SMA 设计规范中规定了 3∶1 和 5∶1 不同标准针片状颗粒含量要求,分别要求小于 20% 和小于 5%。我国通常采用 3∶1 是合理的。从 ASTM 的图(图 T0312-2a))中可以看出,它的针片状颗粒的含意与本规程用卡尺测量完全相同。这与欧洲共同体标准 EN 933-4 中规定的比例 3∶1 相同,EN 933-4 采用的专用卡尺如图 T0312-2b)。本规程没有明确采用何种卡尺,使用者可参考图 T0312-2 中的式样自行加工专用的卡尺。

本规程中还有另一个专门为水泥混凝土集料用的方法,即 T 0311。它是参照早期英国 BS 812—1967 原来的方法编写的,由片状规准仪测定的称为"薄片指数(Flakiness Index)",由针状规准仪测定的称为"狭长指数(Elongation Index)",在我国已经通行很多年。我国台湾也采用这个方法,日本试验规程条文说明时对卡尺法作了介绍,但未列为标准试验方法,美国和欧洲共同体 CEN 都无此方法,其它国家也未见使用。据查,英国 BS 标准现在也已经没有此方法了。在 BS EN 933-3 及 933-4 中列入了另外两种方法:"薄片指数 FI(Flakiness Index)"和"形状指数 SI(Shape Index)"。

对本试验规程同时列入 T 0311 及 T 0312 两个针片状颗粒含量的试验方法,分别适用于沥青路面和水泥混凝土,工程单位有很多反映。为此本规程修订时作了专题研究。

首先如上所述,我们查阅了大量的国外规范标准。据查美国 ASTM 及 AASHTO 标准、欧洲共同体 EN 标准、英国 BS 812 标准、日本 JIS 及道路协会标准,均未发现有与我国水泥混凝土集料针片状颗粒含量试验方法相同的规准仪方法。只有英国 BSI 标准,除了 BS EN 933-4 规定卡尺法之外,在 BS EN 933-3 中,同时还有一个钢筋棒筛分试验,即按不同的粗集料规格要求有不同间距的钢筋棒筛分,得出通过百分数,计算属于扁平颗粒的含量。它与卡尺量取的是两个指标,如图 T0312-2 所示。EN 933-4 要求将集料筛分成每一档分别用卡尺逐颗测定形状指数(Shape Index, SI),以大于 3:1 的颗粒质量 m_2 与总质量 m_1 之比表示。然后以各档集料所有大于 3:1 的颗粒质量之和 $\sum m_{2i}$ 与总质量 $\sum m_{1i}$ 之比 $SI = \sum m_{2i} / \sum m_{1i} \times 100$ 作为形状指数,对混合料采用质量配比加权平均方法计算总的形状指数 SI,以评价集料混合料是否合格。

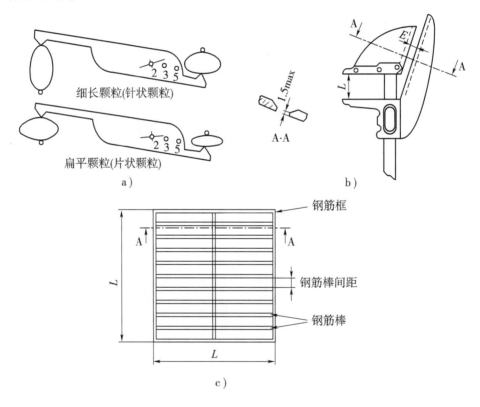

图 T0312-2 国外粗集料针片状颗粒含量测定仪示意图
a) ASTM D 4791 的卡尺;b) EN 933-4 的卡尺;c) EN 933-3 的钢筋筛

BS EN 933-3 用钢筋棒筛分得到的指标称为集料的薄片指数(Flakiness Index),与 T 0311 我国水泥混凝土集料测定的针状规准仪相象,它用不同间距的钢筋筛过筛,以各档集料中能通过一定间距的钢筋筛孔的质量比例表示。各档集料的钢筋间距如表 T0312-1(集料尺寸小于 4mm 或大于 80mm 的不试验)。能通过者称为薄片,计算每档集料的薄片指数及总的薄片指数,即通过钢筋筛的质量 $\sum m_{2i}$ 与全部总质量 $\sum m_{1i}$ 之比 $F_I = \sum m_{2i} / \sum m_{1i} \times 100$。此试验的 FI 在 8~20 之间时的再现性与重复性是 2.8 和 5。很明显,我国规准仪的间距与欧洲的不同。尤其是测定方法不同,BS EN 933-3 不是一颗一颗集料试验,而是进行筛分试验,所以量可以多得多。

表 T0312-1　BS EN 933-3 钢筋筛间距

集料颗粒尺寸(d_i/D_i)(mm)	钢筋筛的间距(mm)	集料颗粒尺寸(d_i/D_i)(mm)	钢筋筛的间距(mm)
63/80	40±0.3	12.5/16	8±0.1
50/63	31.5±0.3	10/12.5	6.3±0.1
40/50	25±0.2	8/10	5±0.1
31.5/40	20±0.2	6.3/8	4±0.1
25/31.5	16±0.2	5/6.3	3.15±0.1
20/25	12.5±0.2	4/5	2.5±0.1
16/20	10±0.1		

本规程修订过程中对 T 0311 及 T 0312 两种方法进行了详细比较,对 13 个石料品种两个规格的集料样品的试验结果汇总如下。由表 T0312-2 和图 T0312-3 可见,尽管这两种测定方法不同,但二者之间仍然有一定的相关关系(图 T0312-3),集料尺寸大的,相关性好一些,分别为 0.718(5mm~10mm 集料)及 0.953(10mm~20mm 集料)。由于其意义完全不同,测定结果有显著差别,绝对不能混用。由于水泥混凝土对集料的要求没有沥青混合料严格,水泥混凝土集料的针片状颗粒只在拌和和成型过程中有影响,混凝土结硬以后影响就小了,但沥青混合料在施工及使用的全过程中都有重要影响,所以此指标显得重要得多。因此沥青混合料集料的要求要严格得多。

表 T0312-2　不同试验方法测定的集料中针片状颗粒含量　　　　单位(%)

试样号	品种及产地	5mm~10mm 规格		10mm~20mm 规格	
		T 0311 方法	T 0312 卡尺法	T 0311 方法	T 0312 卡尺法
1	石灰岩北京昌平	20.1	26.7	9.9	15.9
2	玄武岩北京密云	15.1	19.6	4.0	10.0
3	玄武岩河北兴隆	5.3	13.1	3.1	7.7
4	石灰岩内蒙赤峰	4.9	20.0	3.4	10.9
5	凝灰岩内蒙赤峰	11.9	19.2	1.9	9.6
6	细晶白云岩广西	9.0	12.3	5.7	14.4
7	辉绿岩北京怀柔	8.8	26.5	3.7	9.4
8	花岗岩内蒙乌海	2.4	10.8	3.4	6.9
9	玄武岩河北承德	4.3	16.4	2.9	9.3
10	砂砾岩陕西	9.0	25.6	6.2	14.8
11	花岗岩新疆	1.0	5.4	0.3	4.6
12	闪长岩新疆	6.5	21.0	3.9	13.4
13	砂岩新疆	15.6	33.0	19.6	27.7

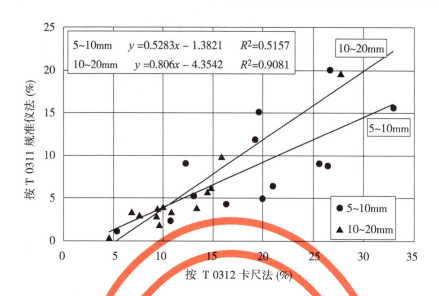

图 T0312-3 原规程两种不同针片状颗粒含量试验方法结果的比较

T 0313—1994 粗集料有机物含量试验

1 目的与适用范围

用比色法测定砾石中的有机物含量。

2 仪具与材料

(1) 天平：感量不大于称量的 0.1%。
(2) 量筒：100mL、250mL、1000mL 各一个。
(3) 氢氧化钠溶液：氢氧化钠与蒸馏水之质量比为 3:97。
(4) 其它：鞣酸、酒精、烧杯、玻璃棒和 19mm 标准筛等。

3 试验准备

3.1 试样制备：筛去试样中 19mm 以上的颗粒，剩余的用四分法或分料器法缩分约 1kg，风干后备用。

3.2 标准溶液的配制方法：取 2g 鞣酸粉溶解于 98mL 10% 酒精溶液中，即得所需的鞣酸溶液。然后取该溶液 2.5mL 注入 97.5mL 浓度为 3% 的氢氧化钠溶液中，加塞后剧烈摇动，静置 24h 即得标准溶液。

4 试验步骤

4.1 向 1000mL 量筒中倒入干试样至 600mL 刻度处，再注入浓度为 3% 的氢氧化钠溶液至 800mL 刻度处，剧烈搅动后静置 24h。

4.2 比较试样上部溶液和新配制标准溶液的颜色,盛装标准溶液与盛装试样的量筒规格应一致。

5 结果评定

若试样上部的溶液颜色浅于标准溶液的颜色,则试样的有机质含量鉴定合格;如两种溶液的颜色接近,则应将该试样(包括上部溶液)倒入烧杯中放在温度为60℃~70℃的水槽中加热2h~3h,然后再与标准溶液比色,如溶液的颜色深于标准色,则应配制成混凝土作进一步试验。

T 0314—2000 粗集料坚固性试验

1 目的与适用范围

本方法是确定碎石或砾石经饱和硫酸钠溶液多次浸泡与烘干循环,承受硫酸钠结晶压而不发生显著破坏或强度降低的性能,是测定石料坚固性能(也称安定性)的方法。

2 仪具与材料

(1)烘箱:能使温度控制在105℃±5℃。
(2)天平:称量5kg,感量不大于1g。
(3)标准筛:根据试样的粒级,按表T0314-1选用。

表 T0314-1 坚固性试验所需的各粒级试样质量

公称粒级(mm)	2.36~4.75	4.75~9.5	9.5~19	19~37.5	37.5~63	63~75
试样质量(g)	500	500	1000	1500	3000	5000

注:①粒级为9.5mm~19mm的试样中,应含有9.5mm~16mm粒级颗粒40%,16mm~19mm粒级颗粒60%。
②粒级为19mm~37.5mm的试样中,应含有19mm~31.5mm粒级颗粒40%,31.5mm~37.5mm粒级颗粒60%。

(4)容器:搪瓷盆或瓷缸,容积不小于50L。
(5)三脚网篮:网篮的外径为100mm,高为150mm,采用孔径不大于2.36mm的铜网或不锈钢丝制成;检验37.5mm~75mm的颗粒时,应采用外径和高均为250mm的网篮。
(6)试剂:无水硫酸钠和10水结晶硫酸钠(工业用)。

3 试验准备

3.1 硫酸钠溶液的配制

取一定数量的蒸馏水(多少取决于试样及容器大小),加温至30℃~50℃,每1000mL蒸馏水加入无水硫酸钠(Na_2SO_4)300g~350g或10水硫酸钠($Na_2SO_4·10H_2O$)700g~1000g,用玻璃棒搅拌,使其溶解并饱和,然后冷却至20℃~25℃;在此温度下静置48h,其相对密度应保持在1.151~1.174(波美度为18.9~21.4)范围内。试验时容器底部应无结晶存在。

3.2 试样的制备

将试样按表 T0314-1 的规定分级,洗净,放入 105℃±5℃ 的烘箱内烘干 4h,取出并冷却至室温,然后按表 T0314-1 规定的质量称取各粒级试样质量 m_i。

4 试验步骤

4.1 将所称取的不同粒级的试样分别装入三脚网篮并浸入盛有硫酸钠溶液的容器中,溶液体积应不小于试样总体积的 5 倍,温度应保持在 20℃~25℃ 的范围内,三脚网篮浸入溶液时应先上下升降 25 次以排除试样中的气泡,然后静置于该容器中;此时,网篮底面应距容器底面约 30mm(由网篮脚高控制),网篮之间的间距应不小于 30mm,试样表面至少应在液面以下 30mm。

4.2 浸泡 20h 后,从溶液中提出网篮,放在 105℃±5℃ 的烘箱中烘烤 4h,至此,完成了第一个试验循环。待试样冷却至 20℃~25℃ 后,即开始第二次循环。从第二次循环起,浸泡及烘烤时间均可为 4h。

4.3 完成五次循环后,将试样置于 25℃~30℃ 的清水中洗净硫酸钠,再放入 105℃±5℃ 的烘箱中烘干至恒重,待冷却至室温后,用试样粒级下限筛孔过筛,并称量各粒级试样试验后的筛余量 m'_i。

注:试样中硫酸钠是否洗净,可按下法检验:取洗试样的水数毫升,滴入少量氯化钡($BaCl_2$)溶液,如无白色沉淀,即说明硫酸钠已被洗净。

4.4 对粒径大于 19mm 的试样部分,应在试验前后分别记录其颗粒数量,并作外观检查,描述颗粒的裂缝、剥落、掉边和掉角等情况及其所占的颗粒数量,以作为分析其坚固性时的补充依据。

5 计算

5.1 试样中各粒级颗粒的分计质量损失百分率按式(T0314-1)计算。

$$Q_i = \frac{m_i - m'_i}{m_i} \times 100 \quad (T0314\text{-}1)$$

式中:Q_i——各粒级颗粒的分计质量损失百分率(%);

m_i——各粒级试样试验前的烘干质量(g);

m'_i——经硫酸钠溶液法试验后各粒级筛余颗粒的烘干质量(g)。

5.2 试样总质量损失百分率按式(T0314-2)计算,精确至 1%。

$$Q = \frac{\sum m_i Q_i}{\sum m_i} \qquad (T0314\text{-}2)$$

式中：Q——试样总质量损失百分率(%)；

m_i——试样中各粒级的分计质量，g；

Q_i——各粒级的分计质量损失百分率(%)。

T 0316—2005 粗集料压碎值试验

1 目的与适用范围

集料压碎值用于衡量石料在逐渐增加的荷载下抵抗压碎的能力，是衡量石料力学性质的指标，以评定其在公路工程中的适用性。

2 仪具与材料

(1)石料压碎值试验仪：由内径150mm、两端开口的钢制圆形试筒、压柱和底板组成，其形状和尺寸见图 T0316-1 和表 T0316-1。试筒内壁、压柱的底面及底板的上表面等与石料接触的表面都应进行热处理，使表面硬化，达到维氏硬度65°并保持光滑状态。

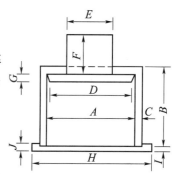

图 T0316-1 压碎指标值测定仪（尺寸单位：mm）

表 T0316-1 试筒、压柱和底板尺寸

部 位	符 号	名 称	尺寸(mm)
试筒	A	内径	150 ± 0.3
	B	高度	125～128
	C	壁厚	≥12
压柱	D	压头直径	149 ± 0.2
	E	压杆直径	100～149
	F	压柱总长	100～110
	G	压头厚度	≥25
底板	H	直径	200～220
	I	厚度(中间部分)	6.4 ± 0.2
	J	边缘厚度	10 ± 0.2

(2)金属棒：直径10mm，长450mm～600mm，一端加工成半球形。

(3)天平：称量2kg～3kg，感量不大于1g。

(4)标准筛：筛孔尺寸13.2mm、9.5mm、2.36mm方孔筛各一个。

(5)压力机：500kN，应能在10min内达到400kN。

(6)金属筒:圆柱形,内径112.0mm,高179.4mm,容积1767cm³。

3 试验准备

3.1 采用风干石料用13.2mm和9.5mm标准筛过筛,取9.5mm～13.2mm的试样3组各3000g,供试验用。如过于潮湿需加热烘干时,烘箱温度不得超过100℃,烘干时间不超过4h。试验前,石料应冷却至室温。

3.2 每次试验的石料数量应满足按下述方法夯击后石料在试筒内的深度为100mm。在金属筒中确定石料数量的方法如下:

将试样分3次(每次数量大体相同)均匀装入试模中,每次均将试样表面整平,用金属棒的半球面端从石料表面上均匀捣实25次。最后用金属棒作为直刮刀将表面仔细整平。称取量筒中试样质量(m_0)。以相同质量的试样进行压碎值的平行试验。

4 试验步骤

4.1 将试筒安放在底板上。

4.2 将要求质量的试样分3次(每次数量大体相同)均匀装入试模中,每次均将试样表面整平,用金属棒的半球面端从石料表面上均匀捣实25次。最后用金属棒作为直刮刀将表面仔细整平。

4.3 将装有试样的试模放到压力机上,同时加压头放入试筒内石料面上,注意使压头摆平,勿楔挤试模侧壁。

4.4 开动压力机,均匀地施加荷载,在10min左右的时间内达到总荷载400kN,稳压5s,然后卸荷。

4.5 将试模从压力机上取下,取出试样。

4.6 用2.36mm标准筛筛分经压碎的全部试样,可分几次筛分,均需筛到在1min内无明显的筛出物为止。

4.7 称取通过2.36mm筛孔的全部细料质量(m_1),准确至1g。

5 计算

石料压碎值按式(T0316-1)计算,精确至0.1%。

$$Q'_a = \frac{m_1}{m_0} \times 100 \quad (\text{T0316-1})$$

式中：Q'_a——石料压碎值(%)；
m_0——试验前试样质量(g)；
m_1——试验后通过2.36mm筛孔的细料质量(g)。

6 报告

以3个试样平行试验结果的算术平均值作为压碎值的测定值。

条文说明

粗集料的抗破碎能力是石料力学性质的一项指标，由于习惯的原因，尤其在我国特别重视。但是据查几乎所有的国家都采用洛杉矶磨耗值表示粗集料的抗破碎能力。压碎值指标源自1967年英国BS-812的材料试验规程，原英联邦国家多采用压碎值和道瑞磨耗值评价粗集料性质，美国、日本及欧洲其它国家大部分不用压碎值。在最近查到的欧洲共同体及英国标准BS EN 1097-2:1998石料的抗破碎指标(Resistance to Fragmentation)中，已经没有了压碎值指标，但增加了洛杉矶磨耗试验及冲击值试验，冲击值试验方法与以前的方法也有了不少改变。这是一个重要的变化。

奇怪的是，在1967年BS 812压碎值试验方法中，压力机加荷是要求10min加到40.64t，然后不稳压立即卸载，再用2.5mm筛求取压碎值指标，即原规程的T 0316方法，它基本上是照搬英国BS-812的方法，仅仅对筛孔按我国的标准筛筛孔作了修改。英国采用13mm及10mm标准筛(方孔筛)，取13mm～10mm的集料，压碎后用2.5mm筛过筛；原规程T 0316考虑我国集料较粗，采用了13.2mm～16mm集料。但近年来使用公称最大粒径13.2mm的沥青混合料越来越多，故本规程改用9.5mm～13.2mm的集料，以适应沥青路面的情况。

原规程还有一个压碎指标试验方法T 0315，是专门为水泥混凝土集料使用的，这个试验方法与BS-812方法又有所不同，它的试样一律采用10mm～20mm(圆孔筛)颗粒，加压方式要求以1kN/s的速率均匀地施加加载，达到200kN后稳压5s，然后卸荷，用2.5mm筛过筛作为被压碎的颗粒，计算压碎值。但这些加压方式是如何演变过来的，作者始终未查到出处。现在国家标准《建筑用卵石、碎石》(GB/T 14685—2001)已经出版，作为水泥混凝土用的压碎值试验方法仍然保留，不过筛孔改为方孔筛，基本上与原规程T 0315相同。

对原规程T 0316及T 0315因为使用于沥青路面和水泥混凝土的不同，而采取两种试验设备及不同方法的问题，各地有很多反映，一直呼吁统一起来。为此本规程修订时作了专题研究，鉴于美国ASTM及AASHTO标准、日本JIS及道路协会标准、欧洲共同体EN标准、现在的英国BS-812标准，均无压碎值试验方法，所以很难借鉴国外方法。老的英国BS-812压碎值试验方法即T 0316方法，现在查到的正在执行中的唯有澳大利亚的规范中有压碎值指标，日本在介绍洛杉矶磨耗方法的说明中介绍过压碎值试验方法，方法都与我国T 0316相同。据说T 0315方法有可能是搬用前苏联的规程，但没有现在俄罗斯的试验规程所以未查到根据。

为此，在本规程修改过程中对两个压碎值试验方法进行了试验研究。

对比原规程T 0315(新的国标GB/T 14685)及T 0316，其不同点可汇总于表T0316-2。

我们对两种方法进行了详细的试验比较，15种不同品种的石料分别按原T 0315(不是新的国标GB/T 14685)及原T 0316方法试验的结果如下。由表T 0316-3和图T0316-2可见，两种方法的结果有明显差别，其主要原因可能是压碎值试验的吨位不同，由T 0315方法的20t增加到T 0316方法的40t，压碎值有明显增加。表中除2#样品的结果明显不合理外,二者之间有非常好的相关性,相关系数达0.9912;这说明将两种方法合并为一种方法是可行的。从数值上看,T 0316的数据要大得多,石料的压碎值可以拉得更开,有明显的优点。

表 T0316-2 原 T 0315 及 T 0316 试验方法的不同

项 目	T 0316(沥青路面及基层用)	T 0315(水泥混凝土用)	对 T 0315 的分析
试模尺寸	内径150mm、压头149mm	内径152mm、压头150mm	几乎相同
试样数量	3000g,先在内径112mm、高179.4mm、容积1767mL的圆筒中装料,要求试样深度100mm,以试样毛体积控制	3000g,距上口10mm,无试模深度,以试验总量控制	方法不同
试样处理	原样不处理	筛分后要去除针片状颗粒	去除针片状颗粒试验不合理且工作量很大
试样尺寸	13.2mm～16mm(这次改为9.5mm～13.2mm)	9.5mm～19mm。原规程要求对20mm以上及以下的材料分别检验后合成计算	不如单一粒径的压碎严重,便于考验不利情况的抗压碎能力
试样击实	分3次装料,每次用金属棒在50mm高处自由下落25次	分2层装料,每次按住试样筒左右交替颠击地面各25次	颠击方法因人而异,不合理
加载方式	在10min内达到总荷载400kN,立即卸荷	按1kN/s的速率均匀地施加荷载,达到200kN后稳压5s,然后卸荷	保持1kN/s加载速率许多压力机有困难。荷载小使压碎值的差值小
压碎颗粒	2.36mm标准筛过筛	2.5mm标准筛过筛	基本相同

表 T0316-3 不同试验方法压碎值的对比

试样号	品种及产地	按原T 0315方法(水泥混凝土)		按原T 0316方法(沥青路面及基层)	
		测定值	平均值	测定值	平均值
1	石灰岩北京昌平	6.6、6.5	6.6	14.6、13.5	14.1
2	玄武岩北京密云	7.4、7.6	7.5	9.0、8.6	8.8
3	玄武岩河北兴隆	3.2、2.8	3.0	9.5、9.2	9.3
4	石灰岩内蒙赤峰	9.7、10.0	9.8	19.0、18.0	18.5
5	凝灰岩内蒙赤峰	7.3、7.2	7.2	15.0、15.7	15.4
6	细晶白云岩广西	9.1、9.7	9.4	17.1、19.3	18.2
7	辉绿岩北京怀柔	6.7、7.1	6.9	15.6、14.7	15.2
8	花岗岩内蒙乌海	8.1、8.4	8.3	16.3、16.6	16.5
9	玄武岩河北承德	4.6、4.5	4.6	9.7、10.1	9.9
10	砂砾岩陕西	17.1	17.1	27.2	27.2
11	花岗岩新疆	23.0	23.0	32.8	32.8
12	闪长岩新疆	11.3	11.3	20.8	20.8
13	砂岩新疆	14.0	14.0	22.7	22.7
14	闪长岩青海	11.9	11.9	22.0	22.0
15	片麻岩青海	5.2	5.2	12.6	12.6

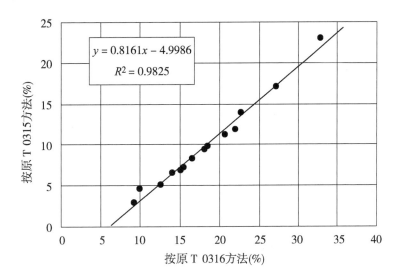

图 T 0316-2 原规程两种不同试验方法压碎值结果的比较

根据以上比较，专家审查会一致同意将两种试验方法统一起来，以原 T 0316 为基础废除原 T 0315 方法。T 0316 的优点是压碎值拉得开，便于区分石料的抗压碎性能；试验操作比较简单。另外压碎值指标对沥青路面及基层的重要性远大于水泥混凝土胶凝材料，所以应该更多的照顾沥青路面的习惯，且便于与国际上统一。

T 0316 关于集料颗粒问题，参照了澳大利亚的方法，照顾沥青路面表面层多用最大粒径 13.2mm 的粗集料，所以改为取 9.5mm～13.2mm 单一粒径集料，压碎后用 2.36mm 筛过筛。我国沥青路面表面层以前以公称最大粒径 16mm 的居多，所以试验用的粗集料以取 13.2mm～16mm 单一粒径集料；近年来，逐渐改为 13.2mm，所以采用 9.5mm～13.2mm 单一粒径集料是合理的。

但是，2003 年颁布的《水泥混凝土路面施工技术规范》中粗集料的压碎指标是以原 T 0315 为基准的，在该规范下次修订以前，可采用本方法 T 0316 试验后，利用图 T0316-2 的相关关系式 $y = 0.816x - 5$ 换算得到。

T 0317—2005 粗集料磨耗试验（洛杉矶法）

1 目的与适用范围

1.1 测定标准条件下粗集料抵抗摩擦、撞击的能力，以磨耗损失(%)表示。

1.2 本方法适用于各种等级规格集料的磨耗试验。

2 仪具与材料

（1）洛杉矶磨耗试验机：圆筒内径 710mm±5mm，内侧长 510mm±5mm，两端封闭，投料口的钢盖通过紧固螺栓和橡胶垫与钢筒紧闭密封。钢筒的回转速率为 30r/min～33r/min。

（2）钢球：直径约 46.8mm，质量为 390g～445g，大小稍有不同，以便按要求组合成符合要求的总质量。

（3）台秤：感量 5g。

(4)标准筛:符合要求的标准筛系列,以及筛孔为1.7mm的方孔筛一个。

(5)烘箱:能使温度控制在105℃±5℃范围内。

(6)容器:搪瓷盘等。

3 试验步骤

3.1 将不同规格的集料用水冲洗干净,置烘箱中烘干至恒重。

3.2 对所使用的集料,根据实际情况按表T0317-1选择最接近的粒级类别,确定相应的试验条件,按规定的粒级组成备料、筛分。其中水泥混凝土用集料宜采用A级粒度;沥青路面及各种基层、底基层的粗集料,表中的16mm筛孔也可用13.2mm筛孔代替。对非规格材料,应根据材料的实际粒度,从表T0317-1中选择最接近的粒级类别及试验条件。

表 T0317-1 粗集料洛杉矶试验条件

粒度类别	粒级组成(mm)	试样质量(g)	试样总质量(g)	钢球数量(个)	钢球总质量(g)	转动次数(转)	适用的粗集料	
							规格	公称粒径(mm)
A	26.5~37.5 19.0~26.5 16.0~19.0 9.5~16.0	1250±25 1250±25 1250±10 1250±10	5000±10	12	5000±25	500		
B	19.0~26.5 16.0~19.0	2500±10 2500±10	5000±10	11	4850±25	500	S6 S7 S8	15~30 10~30 10~25
C	9.5~16.0 4.75~9.5	2500±10 2500±10	5000±10	8	3330±20	500	S9 S10 S11 S12	10~20 10~15 5~15 5~10
D	2.36~4.75	5000±10	5000±10	6	2500±15	500	S13 S14	3~10 3~5
E	63~75 53~63 37.5~53	2500±50 2500±50 5000±50	10000±100	12	5000±25	1000	S1 S2	40~75 40~60
F	37.5~53 26.5~37.5	5000±50 5000±25	10000±75	12	5000±25	1000	S3 S4	30~60 25~50
G	26.5~37.5 19~26.5	5000±25 5000±25	10000±50	12	5000±25	1000	S5	20~40

注:①表中16mm也可用13.2mm代替。

②A级适用于未筛碎石混合料及水泥混凝土用集料。

③C级中S12可全部采用4.75mm~9.5mm颗粒5000g;S9及S10可全部采用9.5mm~16mm颗粒5000g。

④E级中S2中缺63mm~75mm颗粒可用53mm~63mm颗粒代替。

3.3 分级称量(准确至5g),称取总质量(m_1),装入磨耗机圆筒中。

3.4 选择钢球,使钢球的数量及总质量符合表T0317-1中规定。将钢球加入钢筒中,盖好筒盖,紧固密封。

3.5 将计数器调整到零位,设定要求的回转次数,对水泥混凝土集料,回转次数为500转,对沥青混合料集料,回转次数应符合表T0317-1的要求。开动磨耗机,以30r/min~33r/min转速转动至要求的回转次数为止。

3.6 取出钢球,将经过磨耗后的试样从投料口倒入接受容器(搪瓷盘)中。

3.7 将试样用1.7mm的方孔筛过筛,筛去试样中被撞击磨碎的细屑。

3.8 用水冲干净留在筛上的碎石,置105℃±5℃烘箱中烘干至恒重(通常不少于4h),准确称量(m_2)。

4 计算

按式(T0317-1)计算粗集料洛杉矶磨耗损失,精确至0.1%。

$$Q = \frac{m_1 - m_2}{m_1} \times 100 \quad (T0317-1)$$

式中:Q——洛杉矶磨耗损失(%);
m_1——装入圆筒中试样质量(g);
m_2——试验后在1.7mm筛上洗净烘干的试样质量(g)。

5 报告

5.1 试验报告应记录所使用的粒级类别和试验条件。

5.2 粗集料的磨耗损失取两次平行试验结果的算术平均值为测定值,两次试验的差值应不大于2%,否则须重做试验。

条文说明

粗集料的洛杉矶磨耗损失是集料使用性能的重要指标,尤其是沥青混合料和基层集料,它与沥青路面的抗车辙能力、耐磨性、耐久性密切相关,一般磨耗损失小的集料,集料坚硬,耐磨,耐久性好。软弱颗粒含量多、风化严重的石料经过磨耗试验,粉碎严重,这个指标很难通过。所以世界各国的沥青路面规范都对粗集料的洛杉矶磨耗损失提出了要求。对要求粗集料嵌挤能力强的SMA等,磨耗损失的要求更有所提高。洛杉矶磨耗试验也是优选石料的一个重要手段。

洛杉矶磨耗试验方法,欧美各国基本上都是一致的,但具体细节有所不同。大部分国家采用美国ASTM的标准方法。

由于洛杉矶磨耗损失与集料粒径尺寸大小有很大关系,统一粒级十分重要。在ASTM或AASHTO标准中有两个规程,ASTM C 535适合于特粗集料。根据集料粒径的不同,使用12个钢球,总质量5000g±25g,转动1000转后测定磨耗损失,试验条件如表T0317-2。

表 T0317-2　ASTM C 535 洛杉矶磨耗试验条件

粒度大小	粒级	试样质量(g)	试样总质量(g)	钢球数量	钢球质量(g)
1	63～75	2500±50	10000±100	12	5000±25
	53～63	2500±50			
	37.5～53	5000±50			
2	37.5～53	5000±25	10000±75	12	5000±25
	25～37.5	5000±25			
3	25～37.5	5000±25	10000±50	12	5000±25
	19～25.0	5000±25			

ASTM C 131及AASHTO T 96适用于一般集料,钢球数有所不同,集料粒级根据实际情况规定了4种,试验时,转动500转后测定磨耗损失,试验条件如表T0317-3。

表 T0317-3　ASTM C 131 洛杉矶磨耗试验条件

粒度大小	粒　级	试样质量(g)	试样总质量(g)	钢球数量(个)	钢球质量(g)
A	25.0～37.5	1250±25	5000±10	12	5000±25
	19.0～25.0	1250±25			
	12.5～19.0	1250±10			
	9.5～12.5	1250±10			
B	12.5～19.0	2500±10	5000±10	11	4854±25
	9.5～12.5	2500±10			
C	6.3～9.5	2500±10	5000±10	8	3334±20
	4.75～6.3	2500±10			
D	2.36～4.75	5000±10	5000±10	6	2500±15

日本道路协会《铺装试验法便览》3-4-5根据日本工业标准JIS A 1121,规定的试验条件如表T0317-4。表中A～D相当于ASTM C 131,圆筒旋转500转,而E、F、G相当于ASTM C 535的1、2、3级,钢筒旋转1000转。在日本,沥青路面表面层基本上都是最大粒径13.2mm的沥青混料,故日本道路协会还规定了对道路基层和面层材料采用4.75mm～13.2mm碎石进行洛杉矶试验,钢筒旋转500转。

表 T0317-4　日本道路协会洛杉矶磨耗试验条件

粒度大小	粒　级	试样质量(g)	试样总质量(g)	钢球数量(个)	钢球质量(g)
A	26.5～37.5	1250±25	5000±10	12	5000±25
	19.0～26.5	1250±25			
	16.0～19.0	1250±10			
	9.5～16.0	1250±10			

表 T0317-4(续)

粒度大小	粒 级	试样质量(g)	试样总质量(g)	钢球数量(个)	钢球质量(g)
B	19.0~26.5 16.0~19.0	2500±10 2500±10	5000±10	11	4850±25
C	4.75~9.5 9.5~16.0	2500±10 5000±10	2500±10	8	3330±20
D	2.36~4.75	5000±10	5000±10	6	2500±15
E	63~75 53~60 37.5~53	2500±50 2500±50 5000±50	10000±100	12	5000±25
F	37.5~53 26.5~37.5	5000±50 5000±25	10000±75	12	5000±25
G	26.5~37.5 19~26.5	5000±25 5000±25	10000±50	12	5000±25
道路用碎石	4.75~13.2	5000±10	5000±10	8	3300±20

澳大利亚沥青路面集料洛杉矶试验方法采用 B 档材料和 K 档材料,B 档材料为 13.2mm~19mm 及 9.5mm~13.2mm 组成,K 档为 4.75mm~9.5mm。

欧洲共同体标准 EN 1097-2:1998 在实施时按照实际情况选用的标准筛尺寸稍有不同,英国 BS EN 1097-2:1998 规定的尺寸只有一种,均采用 10mm~14mm 颗粒,要求其中 12.5mm 通过率为 60%~70%,11.2mm 通过率为 30%~40%,于是将 10~14mm 集料用 11.2mm 或 12.5mm 筛筛分后按实际级配要求合成进行试验,试样总量 5000g,钢球 11 个总重 4690g~4860g,以 31r/min~33r/min 速度转动 500 转,但最后筛分的筛孔是 1.6mm。据符合 ISO 标准的 28 个实验室对磨耗损失在 8%~37% 的统计,洛杉矶磨耗损失的重复性是试验结果的 6%,再现性是试验结果的 17%。此外,EN 1097-2 还允许采用其它的可选择条件,如表 T0317-5 所示。

表 T0317-5 EN 1097-2 洛杉矶磨耗试验条件

粒级范围(mm)	钢 球 数(个)	钢球总质量(g)
4~8	8	3410~3540
6.3~10	9	3840~3980
8~11.2	10	4260~4420
11.2~16	12	5120~5300

我国原规程 T 0317—2000 对粗集料洛杉矶试验条件的规定与原《公路工程石料试验规程》(JTJ 054—94)中 T 0221—94 是一致的,所规定的水泥混凝土集料的试验条件只有一种,接近于 ASTM C 131 之 A 类的集料试验条件,但分级稍有不同。试验法与国外通用规程不一致,影响了与国际上并轨和统一。尤其是对沥青混合料集料,洛杉矶磨耗损失特别重要,集料的试验条件不一致,势必导致试验结果的不一样。我国原规程只规定一种集料尺寸,与我国沥青面层、基层实际使用的材料差别太大,不

符合实际情况。为此修订成与国外通用方法一致,另外规定适用于方孔筛的试验条件。为了解决沥青混合料最大粒径为13.2mm的情况,规定表T0317-1中16mm也可以用13.2mm替代,这就和日本规定路面材料用4.75mm～13.2mm材料试验一致。同时为指导工程单位在试验时选用粒径类别,在表T0317-1中还规定了工程上实际材料的对应规格,由于有些材料与规定的粒径类别很难对应,在备注中规定了一些可以替代的条件。在2000年版中,由于筛孔的原因,仍然保留了水泥混凝土用集料的材料级配,现在已经统一为方孔筛,故将原表取消,统一为本规程表T0317-1中的A级。

另外,我国的规程规定在洛杉矶磨耗试验结束后用1.6mm筛进行筛分,2000年版原规程规定对沥青路面是1.7mm方孔筛,而对水泥混凝土用集料采用2mm圆孔筛,此次统一为1.7mm方孔筛。国外美国和日本、澳大利亚等大部分国家是1.7mm筛,欧洲英国等是1.6mm筛。

沥青混合料通常要采用几种集料配合组成。同一个采石场生产的同一类集料,可以在一起筛分进行洛杉矶试验。当集料规格较多时,也可分别进行洛杉矶试验。不同采石场生产的集料,必须分别进行试验。

T 0320—2000 粗集料软弱颗粒试验

1 目的与适用范围

测定碎石、砾石及破碎砾石中软弱颗粒含量。

2 仪具与材料

(1)天平或台秤:称量5kg,感量不大于5g。
(2)标准筛:孔径为4.75mm、9.5mm、16mm方孔筛。
(3)压力机。
(4)其它:浅盘、毛刷等。

3 试验步骤

称风干试样2kg(m_1),如颗粒粒径大于31.5mm,则称4kg,过筛分成4.75mm～9.5mm、9.5mm～16mm、16mm以上各1份;将每份中每一个颗粒大面朝下稳定平放在压力机平台中心,按颗粒大小分别加以0.15kN、0.25kN、0.34kN荷载,破裂之颗粒即属于软弱颗粒,将其弃去,称出未破裂颗粒的质量(m_2)。

4 计算

按式(T0320-1)计算软弱颗粒含量,精确至0.1%。

$$P = \frac{m_1 - m_2}{m_1} \times 100 \qquad (T0320\text{-}1)$$

式中:P——粗集料的软弱颗粒含量(%);
　　　m_1——各粒级颗粒总质量(g);
　　　m_2——试验后各粒级完好颗粒总质量(g)。

条文说明

美国 ASTM C 235 及日本道路协会规定的软石含量测定是用硬度65~75、直径1.6mm的黄铜棒，施加9.81N的力在碎石上逐个划痕，留下划痕的即为软石。

T 0321—2005 粗集料磨光值试验

1 目的与适用范围

1.1 集料磨光值是利用加速磨光机磨光集料，用摆式摩擦系数测定仪测定的集料经磨光后的摩擦系数值，以 PSV 表示。

1.2 本方法适用于各种粗集料的磨光值测定。

2 仪具与材料

（1）加速磨光试验机，如图 T0321-1，应符合相关仪器设备的标准，由下列部分组成。

①传动机构：包括电机、同步齿轮等。

②道路轮：外径406mm，用于安装14块试件，能在周边夹紧，以形成连续的石料颗粒表面，转速320 r/min ± 5r/min。

③橡胶轮：直径200mm，宽44mm，用于磨粗金刚砂的橡胶轮（标记C）、用于磨细金刚砂的橡胶轮（标记X），轮胎初期硬度69IRHD ± 3IRHD。

注：橡胶轮过度磨损时（一般20轮次后）必须更换。

④磨料供给系统：用于存贮磨料和控制溜砂量。

⑤供水系统。

⑥配重：包括调整臂，橡胶轮和配重锤。

⑦试模：8 副。

⑧荷载调整机构：包括手轮、凸轮，能支撑配重，调节橡胶轮对道路轮的压力为725N ± 10N 并保持使用过程中恒定。

⑨控制面板。

（2）摆式摩擦系数测定仪，简称摆式仪，见图 T0321-2，应符合相关仪器设备的标准，由下列部分组成。

①底座：由T形腿、调平螺丝和水准泡组成。

②立柱：由立柱、导向杆和升降机构组成。

③悬臂和释放开关：能挂住摆杆使之处于水平位置，并能释放摆杆使摆落下

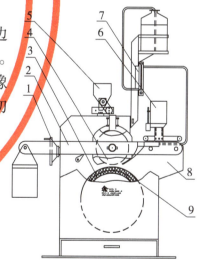

图 T0321-1 加速磨光试验机
1-荷载调整系统；2-调整臂（配重）；
3-道路轮；4-橡胶轮；5-细料贮砂斗；
6-粗料贮砂斗；7-供水系统；8-机体；
9-试件（14块）

摆动。

④摆动轴心：连接和固定摆的位置，保证摆在摆动平面内能自由摆动。由摆动轴、轴承和紧固螺母组成。

⑤示数系统：指示摆值。

⑥摆头及橡胶片：它对摆动中心有规定力矩，对路面有规定压力，本身有前与后、左与右的力矩平衡，橡胶片尺寸为31.75mm×25.4mm×6.35mm。

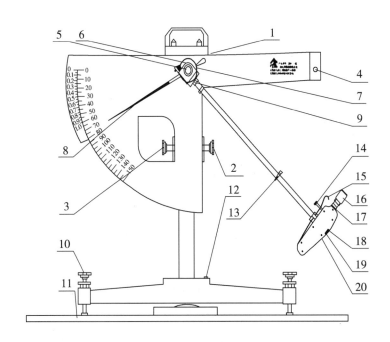

图 T0321-2　摆式摩擦系数测定仪

1-紧固把手；2、3-升降把手；4-释放开关；5-转向节螺盖；6-调节螺母；7-针簧片或毡垫；8-指针；9-连接螺母；10-调平螺栓；11-底座；12-水准泡；13-卡环；14-定位螺丝；15-举升柄；16-平衡锤；17-并紧螺母；18-滑溜块；19-橡胶片；20-止滑螺丝

(3)磨光试件测试平台：供固定试件及摆式摩擦系数测定仪用。

(4)天平：感量不大于0.1g。

(5)烘箱：装有温度控制器。

(6)粘结剂：能使集料与砂、试模牢固粘结，确保在试验过程中不致发生试件摇动或脱落，常用环氧树脂6101（E—44）及固化剂等。

(7)丙酮。

(8)砂：<0.3mm，洁净、干燥。

(9)金刚砂：30号（棕刚玉粗砂），280号（绿碳化硅细砂），用作磨料，只允许一次性使用，不得重复使用。

(10)橡胶石棉板：厚1mm。

(11)标准集料试样：由指定的集料产地生产的符合规格要求的集料，每轮两块，只允许使用一次，不得重复使用。

(12)其它：油灰刀、洗耳球、各种工具等。

3 试验准备

3.1 试验前应按相关试验规程对摆式仪进行检查或标定。

3.2 将集料过筛,剔除针片状颗粒,取 9.5mm～13.2mm 的集料颗粒用水洗净后置于温度为 105℃±5℃ 的烘箱中烘干。

注:根据需要,也可采用 4.75mm～9.5mm 的粗集料进行磨光值试验。

3.3 将试模拼装并涂上脱模剂(或肥皂水)后烘干。安装试模端板时要注意使端板与模体齐平(使弧线平滑)。

3.4 用清水淘洗小于 0.3mm 的砂,置 105℃±5℃ 的烘箱中烘干成为干砂。

3.5 预磨新橡胶轮:新橡胶轮正式使用前要在安装好试件的道路轮上进行预磨,C 轮用粗金刚砂预磨 6h,X 轮用细金刚砂预磨 6h,然后方能投入正常试验。

4 试件制备

4.1 排料:每种集料宜制备 6～10 块试件,从中挑选 4 块试件供两次平行试验用。将 9.5mm～13.2mm 集料颗粒尽量紧密地排列于试模中(大面、平面向下)。排料时应除去高度大于试模的不合格颗粒。采用 4.75mm～9.5mm 的粗集料进行磨光试验时,各道工序需更加仔细。

4.2 吹砂:用小勺将干砂填入已排妥的集料间隙中,并用洗耳球轻轻吹动干砂,使之填充密实。然后再吹去多余的砂,使砂与试模台阶大致齐平,但台阶上不得有砂。用洗耳球吹动干砂时不得碰动集料,且不使集料试样表面附有砂粒。

4.3 配制环氧树脂砂浆:将固化剂与环氧树脂按一定比例(如使用 6101 环氧树脂时为 1:4)配料、拌匀制成粘结剂,再与干砂按 1:4～1:4.5 的质量比拌匀制成环氧树脂砂浆。

注:一块试模中的环氧树脂砂浆各组成材料的用量通常为:环氧树脂 9.0g、固化剂 2.4g、干砂 48g。允许根据所选用的粘结剂品种及试件的强度对此用量作适当调整。用 4.75mm～9.5mm 的集料试验时,环氧树脂砂浆用量应酌情增加。

4.4 填充环氧树脂砂浆:用小油灰刀将拌好的环氧树脂砂浆填入试模中,并尽量填充密实,但不得碰动集料。然后用热油灰刀在试模上刮去多余的填料,并将表面反复抹平,使填充的环氧树脂砂浆与试模顶部齐平。

4.5 养护:通常在 40℃ 烘箱中养护 3h,再自然冷却 9h 拆模;如在室温下养护,时间应更长,使试件达到足够强度。有集料颗粒松动脱落,或有环氧树脂砂浆渗出表面时,试件应予废弃。

5 磨光试验

5.1 试件分组:每轮1次磨14块试件,每种集料为2块试件,包括6种试验用集料和1种标准集料。

5.2 试件编号:在试件的环氧树脂砂浆衬背和弧形侧边上用记号笔对6种集料编号为1~12,1种集料赋以相邻两个编号,标准试件为13、14号。

5.3 试件安装:按表T0321-1的序号将试件排列在道路轮上,其中1号位和8号位为标准试件。试件应将有标记的一侧统一朝外(靠活动盖板一侧),每两块试件间加垫一片或数片1mm厚的橡胶石棉板垫片,垫片与试件端部断面相仿,但略低于试件高度2mm~3mm。然后盖上道路轮外侧板,边拧螺钉边用橡胶锤敲打外侧板,确保试件与道路轮紧密配合,以避免磨光过程中试件断裂或松动。随后将道路轮安装到轮轴上。

表 T0321-1　试件在道路轮上的排列次序

位置号	1	2	3	4	5	6	7	8	9	10	11	12	13	14
试件号	13	9	3	7	5	1	11	14	10	4	8	6	2	12

5.4 磨光过程操作

5.4.1 试件的加速磨光应在室温20℃±5℃的房间内进行。

5.4.2 粗砂磨光

5.4.2.1 把标记C的橡胶轮安装在调整臂上,盖上道路轮罩,下面置一积砂盘,给贮水支架上的贮水罐加满水,调节流量阀,使水流暂时中断。

5.4.2.2 准备好30号金刚砂粗砂,装入专用贮砂斗,将贮砂斗安装在橡胶轮侧上方的位置上并接上微型电机电源。转动荷载调整手轮,使凸轮转动放下橡胶轮,将橡胶轮的轮幅完全压着道路轮上的集料试件表面。

5.4.2.3 调节溜砂量:用专用接料斗在出料口接住溜出的金刚砂,同时开始计时,1min后移出料斗,用天平称出溜砂量,使流量为27g/min±7g/min,如不满足要求,应用调速按钮或调节贮料斗控制闸板的方法调整。

5.4.2.4 在控制面板上设定转数为57 600转,按下电源开关启动磨光机开始运转,同时按动粗砂调速按钮,打开贮砂斗控制闸板,使金刚砂溜砂量控制为27g/min±7g/min。此时立即调节流量计,使水的流量达60mL/min。

5.4.2.5 在试验进行1h和2h时磨光机自动停机(注意不要按下面板上复零按钮和电源开关),用毛刷和小铲清除箱体上和沉在机器底部积砂盘中的金刚砂,检查并拧紧道路轮上有可能松动的螺母,再起动磨光机,至转数显示屏上显示 57 600 转时磨光机自动停止,所需的磨光时间约为 3h。

5.4.2.6 转动荷载调整手轮使凸轮托起调整臂,清洗道路轮和试件,除去所有残留的金刚砂。

5.4.3 细砂磨光

5.4.3.1 卸下 C 标记橡胶轮,更换为 X 标记橡胶轮按 5.4.2.1 的方法安装。
5.4.3.2 准备好 280 号金刚砂细砂,按 5.4.2.2 方法装入专用贮砂斗。
5.4.3.3 重复 5.4.2.3 步骤,调节溜砂量使流量为 3g/min ± 1g/min。
5.4.3.4 按 5.4.2.4 的步骤设定转数为 57 600 转,开始磨光操作,控制金刚砂溜砂量为 3g/min ± 1g/min,水的流量达 60mL/min。
5.4.3.5 将试件磨 2h 后停机作适当清洁,按 5.4.2.5 方法检查并拧紧道路轮螺母,然后再起动磨光机至 57 600 转时自动停机。
5.4.3.6 按 5.4.2.6 方法清理试件及磨光机。

5.5 磨光值测定

5.5.1 在试验前 2h 和试验过程中应控制室温为 20℃ ± 2℃。

5.5.2 将试件从道路轮上卸下并清洗试件,用毛刷清洗集料颗粒的间隙,去除所有残留的金刚砂。

5.5.3 将试件表面向下放在 18℃ ~ 20℃ 的水中 2h,然后取出试件,按下列步骤用摆式摩擦系数测定仪测定磨光值。

5.5.3.1 调零:将摆式仪固定在测试平台上,松开固定把手,转动升降把手使摆升高并能自由摆动,然后锁紧固定把手,转动调平旋钮,使水准泡居中,当摆从右边水平位置落下并拨动指针后,指针应指零。若指针不指零,应拧紧或放松指针调节螺母,直至空摆时指针指零。

5.5.3.2 固定试件:将试件放在测试平台的固定槽内,使摆可在其上面摆过,并使滑溜块居于试件轮迹中心。应使摆式仪摆头滑溜块在试件上的滑动方向与试件在磨光机上橡胶轮的运行方向一致,即测试时试件上作标记的弧形边背向测试者。

5.5.3.3 测试:调节摆的高度,使滑溜块在试件上的滑动长度为 76mm,用喷水壶喷洒清水润湿试件表面(注意,在试验中的任何时刻,试件都应保持湿润)。将摆向右提起挂在悬臂上,同时用左手拨动指针使之与摆杆轴线平行。按下释放开关使摆回落向左运动,当摆达到最高位置后下落时,用左手将摆杆接住,读取指针所指(小度盘)位置上的值,记录测试结果,准确到0.1。

> 注:摆式仪在使用新橡胶片时应该预磨使之达到稳定状态,预磨的方法是用新橡胶片在干燥的试块上(不用磨光后的试件)摆动10次,然后在湿润的试块上摆动20次。另外,橡胶片不得被油类污染。

5.5.3.4 一块试件重复测试5次,5次读数的最大值和最小值之差不得大于3。取5次读数的平均值作为该试件的磨光值读数(PSV_r)。标准试件的磨光值读数用PSV_{br}表示。

5.6 1种集料重复测试2次,每次都需同时对标准集料试件进行测试。

6 计算

6.1 按式(T0321-1)计算两次平行试验4块试件(每轮2块)的算术平均值PSV_{ra},精确到0.1。但4块试件的磨光值读数PSV_r的最大值与最小值之差不得大于4.7,否则试验作废,应重新试验。

$$PSV_{ra} = \sum PSV_{ri}/4 \quad (T0321-1)$$

式中:$i = 1 \sim 4$,PSV_{ri}为4块试件的磨光值读数。

6.2 按式(T0321-2)计算两次平行试验4块标准试件(每轮2块)的算术平均值PSV_{bra},准确到0.1。但4块标准试件的磨光值读数的平均值PSV_{bra}必须在46~52范围内,否则试验作废,应重新试验。

$$PSV_{bra} = \sum PSV_{bri}/4 \quad (T0321-2)$$

式中:$i = 1 \sim 4$,PSV_{bri}为4块标准试件的磨光值读数。

6.3 按式(T0321-3)计算集料的PSV值,取整数。

$$PSV = PSV_{ra} + 49 - PSV_{bra} \quad (T0321-3)$$

7 报告

试验报告应报告集料的磨光值PSV、两次平行试验的试样磨光值读数平均值PSV_{ra}和标准试件磨光值读数平均值PSV_{bra}。

条文说明

1 集料磨光值是关系到一种集料能否用于沥青路面抗滑磨耗层的重要决定性指标,所以在工程上选取集料品种时应对此特别重视。为此,交通部又列了专题"高速公路沥青路面抗滑技术标准",对原磨光值试验方法及摆式摩擦系数试验仪使用中反映的一些问题进行了深入的研究。新修订的试验规程更加注重与国际标准的可比性和试验结果的准确性。本次修改较多,主要有以下几个方面:

将磨光时间的人为控制改成了道路轮转数的仪表自动控制。原规程中磨光过程是用人工计时的方法控制的,即6h的磨光时间以及中间1h、2h、3h、5h的停机、清洗时间都用人工计时,误差较大,不能保证准确的磨光次数。改用转数控制之后机器转动一定转数后自动停下来,以便进行必要的清洗或其它操作,既方便、又能准确地控制转数。

改变了橡胶轮胎硬度。原磨光机橡胶轮胎硬度为55IRHD±5IRHD,为提高抗金刚砂嵌入能力,保证和维持一定的磨光水平,新磨光机将橡胶轮胎的硬度提高到了69IRHD±3IRHD。

提高了橡胶轮胎对道路轮的压力。原磨光机橡胶轮胎对道路轮压力为390N±5N,新磨光机将这一压力提高到了725N±10N,同时改进了荷载调节系统,用手轮升降配重,便于操作。

用两个橡胶轮胎分别用于粗砂磨光和细砂磨光,改变了以前粗、细砂两阶段磨光只用一个轮胎的做法。这样做避免了嵌在橡胶轮胎上的粗砂对细砂磨光的影响,使磨光更加精细、最终的磨光结果更加稳定可靠。

改变了溜砂机构。将粗、细金刚砂分别存放于不同的贮砂斗中,避免掺混。粗、细金刚砂均通过调速电机控制的微型同步带向溜砂槽输送,改变了以前依靠机器振动溜砂的做法,使溜砂量均匀、稳定,并能够精确控制。另外,细金刚砂贮斗中还增设了一个起松散和推进作用的拨料器,使细金刚砂溜放过程中不会阻塞,能连续不断的均匀向前输送。

改变了供水系统。通过流量计准确控制溜水量,改变了以前凭经验调节水量大小、不能量化控制的做法。

改变以前用轻的橡胶轮带动质量重、转动惯量大的道路轮转动的方法,将道路轮变为主动轮,使转动平稳,使磨光机运行噪声大为减少。新机型的机前噪声为74dB~78dB,比老机型减少了2dB~6dB。

用2轮平行试验代替了原规程中的1次试验,使结果更加可靠。

用与国际标准一致的新型摆式摩擦系数测定仪代替了老式摆式仪。

5 磨光机试验过程中必须特别注意安全,试验全过程都必须盖上机盖,以免万一掉粒伤人。在停机检查或维修时均应先切断电源。

T 0322—2000 粗集料冲击值试验

1 目的与适用范围

粗集料冲击值试验用以测定路面用粗集料抗冲击的性能,以击碎后小于2.36mm部分的质量百分率表示。

2 仪具与材料

(1)冲击试验仪:形状及尺寸如图T0322-1,冲击锤的质量为13.75kg±0.05kg。

(2)量筒:内径76mm,内高51mm,壁厚3mm。

(3)冲击杯:内径102mm、内高50mm的圆形网筒,内侧表面经钢化处理。

(4)捣棒:钢棒,直径10mm,长230mm,一端为半球面。

(5)标准筛:2.36mm、9.5mm、13.2mm的方孔筛。

(6)天平:称量1kg,感量不大于0.1g。

(7)其它:小铲、浅盘、恒温箱、钢板、橡胶锤、毛刷等。

3 试验准备

3.1 将集料通过13.2mm及9.5mm的筛,取粒径为9.5mm~13.2mm的部分作为试样。

3.2 将试样在空气中风干或在温度为105℃±5℃的烘箱中烘干后冷却至室温,试样应不少于1kg。

4 试验步骤

4.1 用铲将集料的1/3从量筒上方不超过50mm处装入量筒,用捣棒半球形端将集料捣实25次,每次捣实应从量筒上方不超过50mm处自由落下,落点应在集料表面均匀分布。用同样方法,再装入1/3集料并捣实,然后再装入另1/3集料并捣实。3次盛料完成后,用捣棒在容器顶滚动,除去多余的集料,对阻碍棒滚动的集料用手除去,并外加集料填满空隙。

4.2 将量筒中盛满的集料倒于天平中,称取集料质量(m)(准确至0.1g),以此进行试验。

4.3 将冲击试验仪置于实验室坚硬地面上并在仪器底座下放置铸铁垫块。

4.4 将称好的集料倒入仪器底座上的金属冲击杯中,并用捣杆单独捣实25次,以便压实。

4.5 调整锤击高度,使冲击锤在集料表面以上380mm±5mm。

4.6 使锤自由落下连续锤击集料15次,每次锤击间隔不少于1s。第一次锤击后,对落高不再调整。

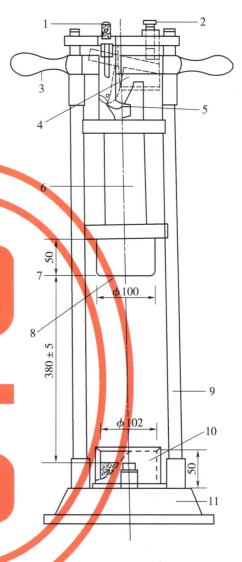

图 T0322-1 冲击试验仪(尺寸单位:mm)
1-卸机销钉;2-可调的卸机制动螺栓;3-手提把;4-冲击计数器;5-卸机钩;6-冲击锤;7-削角;8-钢化表面;9-冲击锤导杆;10-圆形钢筒内侧钢化表面;11-圆形基座

4.7 筛分和称量

将杯中击碎的集料倒至清洁的浅盘上,并用橡胶锤锤击金属杯外面,用硬毛刷刷内表面,直至集料细颗粒全部落在浅盘上为止。

将冲击试验后的集料用2.36mm筛筛分,分别称取保留在2.36mm筛上及筛下的石屑质量(m_1、m_2),准确至0.1g。如 $m_1 + m_2$ 与 m 之差超过1g,试验无效。

4.8 用相同质量(m)的试样,进行第二次平行试验。

5 计算

集料的冲击值按式(T0322-1)计算。

$$AIV = \frac{m_2}{m} \times 100 \qquad (T0322\text{-}1)$$

式中：AIV——集料的冲击值(%)；

m——试样总质量(g)；

m_2——冲击破碎后通过 2.36mm 筛的试样质量(g)。

条文说明

本方法是我国自行研制的方法，与欧洲共同体标准 EN 1097-2:1998 及英国标准 BS EN 1097-2:1998 的 Impact test 方法，无论在试验设备和试验参数上都完全不同，使用时必须注意。

T 0323—2000 粗集料磨耗试验(道瑞试验)

1 目的与适用范围

本试验用于评定公路路面表层所用粗集料抵抗车轮撞击及磨耗的能力。

2 仪具与材料

(1)道瑞磨耗试验机：主要由直径不小于 600mm 的经过加工的圆形铸铁或钢研磨平板组成，圆平板(或称转盘)能以 28r/min～30r/min 的速度作水平旋转。试验机装有转数记数器并配有下列附件：

①至少 2 个经过机加工的金属模子，用于制备试件。试模的端板可拆卸，其内部尺寸为 91.5mm×53.5mm×16.0mm，公差均为 ±0.1mm。

②至少 2 个经过机加工的金属托盘，用于固定制备好的试件。盘子用 5mm 厚的低碳钢板制成，其内部尺寸为 92.0mm×54.0mm×8.0mm，公差均为 ±0.1mm。

③至少 2 块用 5mm 厚低碳钢板通过机加工制成的平板(垫板)，用于制备试件。其尺寸为 115mm×75mm，公差均为 ±0.1mm。

④托盘固定装置：两个托盘支架径向相对且长边转盘转动的方向一致。托盘在支架中应能纵向自由活动而在水平面内不能移动。

⑤两只配重：圆底，用于保证试件对转盘表面的压力。可调整自重以使试件、托盘和配重的总质量满足 2kg±10g。

⑥溜砂装置和砂的清除及收集装置：这些装置能以 700g/min～900g/min 的速率将砂连续不断地撒布在试件前面的转盘上，在通过试件之后再将砂清除并重新收集起来。

(2)标准筛：方孔筛 13.2mm、9.5mm、1.18mm、0.9mm、0.6mm、0.45mm、0.3mm。

(3)烘箱:要求能控温105℃±5℃。
(4)天平:感量不大于0.1g。
(5)磨料:石英砂,粒径0.3mm~0.9mm,其中0.45mm~0.6mm的含量不少于75%;应干燥而且未使用过。每块试件约需用石英砂3kg。
(6)胶结料:环氧树脂(6010)和固化剂(793)。在保证同等粘结性能的条件下可用其它型号代替。
(7)作为脱模剂的肥皂水和作为清洁剂的丙酮。
(8)细砂:0.1mm~0.3mm、0.1mm~0.45mm。
(9)其它:医用洗耳球、调剂匙、镊子、油灰刀、小毛刷、量筒20mL、烧杯100mL、电炉、小号医用托盘或其它容器。

3 试验准备

3.1 试样准备

3.1.1 按T 0301的方法取样。

3.1.2 将试样筛分,取9.5mm~13.2mm的部分用于制作试件。

3.1.3 试样在使用前应清洗除尘,并保持表面干燥状态。加热干燥时,加热时间不得超过4h,加热温度不得超过110℃,且必须在做试件前将其冷却至室温。

3.2 试件制作

3.2.1 试模准备。清洁试模,然后拧紧端板螺钉;在试模内表面用细毛刷涂刷少量肥皂水,将试模放在烘箱内烘干。

3.2.2 排料。用镊子夹起集料,单层排放在试模内,且较平的面放在模底;试模中应排放尽可能多的粒料,在任何情况下集料颗粒都不得少于24粒;集料颗粒须具有代表性。

3.2.3 吹砂。集料颗粒之间的空隙要用细砂(0.1mm~0.3mm)充填,充填高度约为集料颗粒高度的3/4。充填时先用调剂匙均匀撒布,然后再用洗耳球吹实找平,并吹去多余的砂。

3.2.4 拌制环氧树脂砂浆。先将环氧树脂和固化剂搅匀,然后加入0.1mm~0.45mm干砂拌和均匀。砂浆按环氧树脂:固化剂:细砂=1g:0.25mL:3.8g的比例配制。2块试件约需环氧树脂30g,固化剂7.5mL,干细砂114g。

3.2.5 填模成型。将拌制好的环氧树脂砂浆填入试模,尽量填充密实,但注意不可碰动排好的集料,然后用烧热的油灰刀在试模表面来回刮抹,使砂浆表面平整。

3.2.6 养生。在垫板的一面涂上肥皂水,然后将填好砂浆的模子倒放在垫板上(以防砂浆渗到集料表面)。常温下的养生时间一般为24h。

3.2.7 拆模。拧松端板螺钉,卸下2个端板,用橡皮锤轻敲将试件取出。用刮刀或砂纸去除多余的砂浆,用细毛刷清除松散的砂。

4 试验步骤

4.1 分别称出2块试件的质量(m_1),准确至0.1g。在操作之前应使机器在溜砂状态下空转一圈,以便在转盘上留有一层砂。

4.2 将2块试件分别放入2个托盘内,注意确保试件与托盘之间紧密配合。称出试件、托盘和配重的质量并将合计质量调整到2kg±10g。

4.3 将试件连同托盘放入磨耗机内,使其径向相对,试件中心到研磨转盘中心的距离为260mm,集料裸露面朝向转盘;然后将相应的配重放在试件上。

4.4 以28r/min~30r/min的转速转动转盘100圈,同时将符合如上要求的研磨石英砂装入料斗,使其连续不断地溜在试件前面的转盘上。溜砂宽度要能覆盖整个试件的宽度,溜砂速率为700g/min~900g/min(料斗溜砂缝隙约为1.3mm)。

用橡胶刮片将砂清除出转盘,刮片的安装要使得橡胶边轻轻地立在转盘上,刮片宽度应与研磨转盘的外缘环部宽度相等。

4.5 将集料斗中回收的砂过1.18mm的筛,重复使用数次,直至整个试验完成时废弃。

4.6 取出试件,检查有无异常情况。

4.7 重复上述步骤,再磨400圈。可分4个100圈重复4次磨完,也可连续1次磨完。在作连续磨时必须经常掀起磨耗机的盖子观察溜砂情况是否正常。

4.8 转完500转后从磨耗机内取出试件,拿开托盘,用毛刷清除残留的砂,称出试件的质量(m_2),准确至0.1g。

如果由于集料易磨耗而磨到砂浆衬时要中断试验,记录转数。相反,有些非常硬的集料可能会划伤研磨盘,在这种情况下应对研磨转盘进行刨削处理。

5 计算

每块试件的集料磨耗值按式（T0323-1）计算。

$$AAV = \frac{3(m_1 - m_2)}{\rho_s}$$ （T0323-1）

式中：AAV——集料的道瑞磨耗值；
　　　m_1——磨耗前试件的质量（g）；
　　　m_2——磨耗后试件的质量（g）；
　　　ρ_s——集料的表干密度（g/cm³）。

6 报告

用两块试件的试验平均值作为集料磨耗值，如果单块试件磨耗值与平均值之差大于后者的10%，则试验重做，并以4块试件的平均值作为集料磨耗值的试验结果。

T 0324—1994 集料碱活性检验（岩相法）

1 目的与适用范围

鉴定所用集料（包括砂、石）的种类和成分，从而确定碱活性集料的种类和数量。

2 仪具与材料

(1) 套筛：孔径为 0.15mm、0.3mm、0.6mm、1.18mm 方孔筛。
(2) 磅秤：称量 100kg，感量 100g。
(3) 天平：称量 1kg，感量不大于 0.5g。
(4) 切片机、磨光机、镶嵌机。
(5) 实体显微镜、偏光显微镜。
(6) 试剂：盐酸、茜素红、折光率浸油以及酒精等。
(7) 其它：金刚砂、树胶（如冷杉胶）、载波片、地质锤、砧板、酒精灯等。

3 取样

3.1 用四分法或分料器法选取集料，风干后进行筛分，按表 T0324-1 所规定的数量称取试样。

表 T0324-1　石料试样质量

集料粒径（mm）	37.5～19	19～4.75
试样质量（kg）	50	10

3.2 将砂样用四分法或分料器法缩减至 5kg,取约 2kg 砂样冲洗干净,在 105℃±5℃烘箱中烘干,冷却后按 T 0327 的方法进行筛分,然后按表 T0324-2 规定的数量称取砂样。

4 集料的鉴定

4.1 将试样逐粒进行肉眼鉴定。需要时可将颗粒放在砧板上用地质锤击碎(注意应使岩石片损失最小),观察颗粒新鲜断口。

4.2 集料鉴定按下列准则分类(表 T0324-2):

表 T0324-2 砂 样 质 量

砂样粒径(mm)	砂样质量(g)	砂样粒径(mm)	砂样质量(g)
4.75~2.36	100	0.6~0.3	10
2.36~1.18	50	0.3~0.15	10
1.18~0.6	25	小于0.15	

4.2.1 岩石名称及物理性质。包括主要的矿物成分、风化程度、有无裂缝、坚硬性、有无包裹体和断口形状等。

4.2.2 化学性质。分为在混凝土中可能或不能产生碱集料反应两种。

4.2.3 对初步确定为碱活性集料的岩石颗粒,应制成薄片,在显微镜下鉴定矿物组成、结构等,应特别测定其隐晶质、玻璃质成分的含量。

注:集料鉴定可参考表 T0324-3。

表 T0324-3 碱活性集料分类参考

岩石结构	火成岩	沉积岩	变质岩
胶凝结构		蛋白质	
玻璃质结构	松脂岩 珍珠岩 墨曜岩		
显微粒状结构 隐晶质结构		玉髓、鳞石英、方英石、燧石、碧玉、玛瑙	硅镁石灰岩及某些含泥质、白云质灰岩
斑状结构 基质隐晶质结构 或玻璃质结构	安山岩、英安岩、流纹岩、粗面岩		
碎屑结构 角砾结构			凝灰岩 火同角砾石

表 T0324-3(续)

岩石结构	火成岩		沉积岩		变质岩
鳞片状结构 鳞片变晶结构					某些千枚岩、硅质板岩、硬绿泥石片岩
主要矿物成分	酸性火山玻璃	酸性到中性斜长石、钾长石、石英火山玻璃等	蛋白石、玉髓、鳞石英、方英石、石英	方解石、白云石、玉髓、石英	根据岩石屑、晶屑角砾的成分而定	石英、绢云母、玉髓、硬绿泥石

5 砂料鉴定

将砂样放在实体显微镜下挑选,鉴别出碱活性集料的种类及含量。小粒径砂在实体显微镜下挑选有困难时,需在镶嵌机上压型(用树胶或环氧树脂胶结)制成薄片,在偏光显微镜下鉴定。

6 试验结果处理

6.1 集料如进行全分析,按表 T0324-4 列出各种岩石的成分及其含量;如只分析碱活性集料,按表 T0324-5 列出集料中碱活性集料的种类和含量;按表 T0324-6 列出砂料中碱活性集料的种类和含量。

表 T0324-4 集料岩相鉴定

项目 岩石名称	质量百分数(%)		岩相描述(颜色、硬度、风化程度等)	物理性质(以优、良、劣评定)	化学性质(注明有害或无害)
	31.5mm~16mm	16mm~4.75mm			

表 T0324-5 集料中碱活性集料含量

碱活性集料名称	粒径(mm)	
	31.5~19	19~4.75

表 T0324-6 砂料中碱活性集料含量

样品组成		碱活性集料含量(%)		
粒径(mm)	筛余量(%)	占本级样品量	占总样品量	合计

6.2 根据鉴定结果,集料被评定为非碱活性时即作为最后结论,如评定为碱活性集料或可疑时,应进行砂浆长度法等检验。

条文说明

路面混凝土通常采用硅酸盐水泥或普通硅酸盐水泥,此类水泥含碱量一般较高;路面混凝土的水泥用量较多,一般都在300kg/m³以上;此种混凝土位于地面,通常处于潮湿环境,同一般混凝土工程相比,发生碱集料反应破坏的可能性较大。例如,北京市某立交桥和山东某机场混凝土均发现碱集料反应问题。公路工程混凝土试验目前亟需此类试验方法。

国外以美国ASTM有关碱集料试验方法具有权威性。我国水电部《水工混凝土试验规程》(SD 105—82)曾参考美国ASTM有关方法和标准制定"岩相法"、"化学法"、"砂浆长度法"、"碳酸盐骨料碱活性检验"和"抑制骨料碱活性效能试验"五个试验方法。本规程参考编制了其中三个方法。

岩相法的优点在于能确知被检验的集料属于什么岩石,其中含有什么矿物,哪些矿物是活性的,是判定集料有无活性的最基本方法。但仅凭岩相法确认的岩石和矿物是否具有碱活性和碱活性的大小程度还很难确定,因此,单靠岩相检验是不够的。

砂浆长度法是将集料破碎成一定粒径,按一定比例与水泥制成砂浆长条,定期测长,当膨胀率半年不超过0.1%或3个月不超过0.05%,即可评为非活性集料。它的优点是直观、指标比较明确,比较接近混凝土实际,缺点是需时较长。

抑制集料碱活性效能试验是以高活性的硬质玻璃砂和高碱硅酸盐水泥制成的试件为标准评定或优选水泥品种、混合材及外加剂的抑制效能。检定砂浆膨胀率14d不超过0.02%,56d不超过0.06%即可认为合乎安全要求。此类指标明确,国内外均有较成熟的经验。

化学法和碳酸盐集料碱活性检验暂未编入本规程。

(1)化学法的优点是比较快速,但评定指标带有经验性,许多试验表明化学法可能得出不恰当的结论,且该法试验设备比较复杂,公路工程难以广泛采用,故本规程尚未编入;

(2)碳酸盐集料碱活性检验与碱硅反应相比,应用尚不多见,经验较少,故本规程暂未编入这一方法。

T 0325—1994 集料碱活性检验(砂浆长度法)

1 目的与适用范围

1.1 测定水泥砂浆试件的长度变化,以鉴定水泥中的碱与活性集料间的反应所引起的膨胀是否具有潜在危害。

1.2 用岩相法 T 0324 试验评定集料为碱活性或可疑时宜采用本方法,但不适用于碱碳酸盐反应。

2 仪具与材料

(1)标准筛:按细集料(砂)筛分试验规定选用。
(2)拌和锅、铲、量筒、秒表、跳桌等。
(3)镘刀及截面为 14mm×13mm,长 120mm~150mm 的硬木捣棒。
(4)试模和测头(埋钉):金属试模,规格为 25.4mm×25.4mm×285mm。

试模两端正中有小孔,测头以不锈金属制成。

（5）养护筒：用耐腐材料（塑料）制成,应不漏水,不透气,加盖后放在养护室中能确保筒内空气相对湿度为95%以上。筒内设有试件架,架下盛有水,试件垂直立于架上并不与水接触。

（6）测长仪：测量范围275mm～300mm,精密度0.01mm

（7）贮存室（箱）的温度为38℃±2℃。

3 试验准备

3.1 试样制备

3.1.1 水泥：检定一般集料活性时,应使用含碱量高于0.8%的硅酸盐水泥。对于具体工程,如使用几种水泥,含碱量大于0.6%的水泥均应进行试验。

注：水泥含碱量以氧化钠（Na_2O）计,氧化钾（K_2O）换算为氧化钠时乘以换算系数0.658。

3.1.2 集料：对于砂料使用工程实际采用的或拟用的砂；对于集料应把活性、非活性集料分别破碎成表T0325-1所示的级配,并根据岩相检验的结果将活性与非活性集料按比例组合成试验用砂。

表T0325-1 砂料级配表

筛孔尺寸（mm）	4.75～2.36	2.36～1.18	1.18～0.6	0.60～0.3	0.3～0.15
分级质量比（%）	10	25	25	25	15

3.1.3 砂浆配合比：水泥与砂的质量比为1:2.25。一组3个试件共需水泥400g,砂900g。砂浆用水量按GB 2419"水泥胶砂流动度测定方法"选定,但跳桌跳动次数改为10次/6s,以流动度在105mm～120mm为准。

3.2 试件制作

3.2.1 成型前24h,将试验所用材料（水泥、砂、拌和用水等）放入20℃±2℃的恒温室中。

3.2.2 砂浆制备：将水倒入拌和锅内,加入水泥拌和30s,再加入砂料的一半拌和30s,最后加入剩余的砂料拌和90s。

3.2.3 砂浆分两层装入试模内,每层捣实20次；浇第一层后安放测头再浇第二层（注意测头周围砂浆应填实）,浇捣完毕后用镘刀刮除多余砂浆,抹平表面并编号。

4 试验步骤

4.1 试件成型完毕后,带模放入标准养护室,养护 24h ± 4h 后脱模。脱模后立即测量试件的长度,此长度为试件的基准长度。测长应在 20℃ ± 2℃ 的恒温室中进行。每个试件至少重复测试两次,取差值在仪器精密度范围内的 2 个读数的平均值作为长度测定值。待测的试件须用湿布覆盖,以防止水分蒸发。

4.2 测长后将试件放入养护筒中,筒壁衬以吸水纸使筒内空气为水饱和蒸气,盖严筒盖放入 38℃ ± 2℃ 养护室(箱)里养护(一个筒内的试件品种应相同)。

4.3 测长龄期自测基长后算起分 14d、1、2、3、6、9、12 个月几个龄期,如有必要还可适当延长。在测长的前一天,应把养护筒从 38℃ ± 2℃ 的养护室(箱)中取出,放入 20℃ ± 2℃ 的恒温室。试件的测长方法与测基长时相同,每个龄期测长完毕后,应将试件放入养护筒中,盖好筒盖,放回 38℃ ± 2℃ 的养护室(箱)中继续养护到下一个测试龄期。

4.4 测长时应观察试件的变形、裂缝、渗出物,特别要注意有无胶体物质出现,并作详细记录。

5 计算

5.1 试件的膨胀率按式(T0325-1)计算。

$$\Sigma_t = \frac{L_t - L_0}{L_0 - 2\Delta} \times 100 \qquad (T0325\text{-}1)$$

式中:Σ_t——试件在龄期 t 内的膨胀率(%);

L_t——试件在龄期 t 的长度(mm);

L_0——试件的基准长度(mm);

Δ——测头(即埋钉)的长度(mm)。

以 3 个试件测值的平均值作为某一龄期膨胀度的测定值。

注:一组 3 个试件测值的离散程度应符合下述要求:膨胀率小于 0.02% 时,单个测值与平均值的差值不得大于 0.003%;膨胀率大于 0.02% 时,单个测值与平均值的差值不得大于平均值的 15%。超过以上规定时需查明原因,取其余 2 个测值的平均值作为该龄期膨胀率的测定值。当一组试件的测值少于 2 个时,该龄期的膨胀率通过补充试验确定。

5.2 评定标准

对于砂料,当砂浆半年膨胀率超过 0.1% 或 3 个月的膨胀率超过 0.05% 时(只在缺少半年膨胀率时才有效),即评为具有危害性的活性集料。反之,如低于上述数值时,则评为非活性集料。

对于集料,当砂浆半年膨胀率低于 0.1% 或 3 个月的膨胀率低于 0.05% 时(只在缺少半年膨胀率时才有效),即评为非活性集料。如超过上述数值时,尚不能作最后结论,应根据混凝土的试验结果作出最后的评定。

T 0326—1994 抑制集料碱活性效能试验

1 目的与适用范围

1.1 评定矿物混合材对高碱硅酸盐水泥与高活性集料(硬质玻璃)反应引起过量膨胀的抑制效能。以高活性的硬质玻璃砂与高碱硅酸盐水泥制成的砂浆标准试件,与掺有抑制材料的砂浆对比试件进行同一龄期膨胀率的比较,衡量材料的抑制效能。

1.2 当有的活性集料危害性不能及时作出定论时,也可用这种方法检定水泥砂浆试件的膨胀率,判别集料是否合乎安全的要求,用以选择合适的水泥品种、混合材及外加剂。

2 仪具与材料

(1)标准筛:按细集料筛分试验规定选用。
(2)拌和锅、铲、量筒、秒表、跳桌等。
(3)镘刀及截面为14mm×13mm,长120mm~150mm的硬木捣棒。
(4)试模和测头(埋钉):金属试模,规格为25.4mm×25.4mm×285mm。试模两端正中有小孔,测头以不锈金属制成。
(5)养护筒:用耐腐材料(塑料)制成,应不漏水,不透气,加盖后放在养护室中能确保筒内空气相对湿度为95%以上。筒内设有试件架,架下盛有水,试件垂直立于架上并不与水接触。
(6)测长仪:测量范围275mm~300mm,精密度0.01mm。
(7)贮存室(箱)的温度为28℃±2℃。

3 试验步骤

3.1 水泥

标准试件。衡量材料抑制效能试验用高碱硅酸盐水泥,含碱量约为1.0%(以氧化钠计),或14d膨胀率不低于0.1%的其它硅酸盐水泥;膨胀率判别试验用低碱硅酸盐水泥,含碱量小于0.6%(以氧化钠计)或选用14d膨胀率不超过0.02%的其它硅酸盐水泥。

对比试件。为了衡量混合材的抑制效能,对比试件用的水泥与标准试件用的高碱水泥相同。混合材的掺量按绝对体积计为25%,其余75%为高碱水泥;为了判别外加剂的抑制效能,可用与标准试件相同的高碱水泥。对于具体工程,可用工程所用水泥进行膨胀率判定试验。

3.2 集料

硬质玻璃。用耐热玻璃破碎而成,级配如表T0326-1。

注:经破碎分级后的硬质玻璃砂需冲洗干净,存放于干燥器中备用。

表 T0326-1 玻璃砂级配

筛孔尺寸(mm)	4.75~2.36	2.36~1.18	1.18~0.6	0.6~0.3	0.3~0.15
分级质量(%)	20	20	20	20	20

3.3 砂浆配合比。水泥与砂的质量比为 1:2.5,每组 3 个试件需水泥 400g,玻璃砂 900g。对比试件掺混合材时,则水泥为 300g,混合材掺量为 100g 水泥用体积的质量。如为具体工程试验,混合材掺量应与工程推荐的掺量相同。

砂浆用水量按 GB 2419"水泥胶砂流动度测定方法"选定,但跳桌跳动次数改为 10 次/6s,以流动度在 105mm~120mm 为准。掺混合材的试件,成型前应将混合材与水泥先拌和均匀,外加剂要预先配成溶液随拌和水加入。

3.4 按 T 0325 的方法制备试件,养护并测长。测长龄期为 14d、56d。

4 试验结果处理

4.1 试件的膨胀率按式(T0326-1)计算。

$$\sum_t = \frac{L_t - L_0}{L_0 - 2\Delta} \times 100 \quad (T0326\text{-}1)$$

式中:$\sum_t$——试件在龄期 t 内的膨胀率(%);
   L_t——试件在龄期 t 的长度(mm);
   L_0——试件的基准长度(mm);
   Δ——测头(即埋钉)的长度(mm)。

以 3 个试件测值的平均值作为某一龄期膨胀度的测定值。

注:一组 3 个试件测值的离散程度应符合下述要求:膨胀率小于 0.02% 时,单个测值与平均值的差值不得大于 0.003%;膨胀率大于 0.02% 时,单个测值与平均值的差值不得大于平均值的 15%。超过以上规定时需查明原因,取其余 2 个测值的平均值作为该龄期膨胀率的测定值。当一组试件的测值少于 2 个时,该龄期的膨胀率通过补充试验确定。

4.2 结果评定

4.2.1 碱集料反应的抑制效能掺混合材或外加剂的对比试件 14d 龄期砂浆膨胀率降低值应符合式(T0326-2)的要求。

$$R_e = \frac{E_s - E_t}{E_s} \times 100 \geq 75 \quad (T0326\text{-}2)$$

式中:R_e——膨胀率降低值(%);
   E_s——高碱水泥标准试件 14d 龄期膨胀率(%);
   E_t——对比试件 14d 龄期膨胀率(%)。

对比试件 56d 龄期的膨胀率小于 0.05%,则认为所试验的材料及相应的掺量具有碱集料反应的抑制效能。

4.2.2 膨胀率的判别试验

对比试件 14d 和 56d 龄期的膨胀率不超过同条件下低碱硅酸盐水泥标准试件的膨胀率;或者 14d 龄期膨胀率不超过 0.02%,56d 龄期膨胀率不超过 0.05%,则认为所试验的水泥不会产生有害的碱集料膨胀。

T 0346—2000 破碎砾石含量试验

1 目的与适用范围

测定砾石经破碎机破碎后,具有要求数量(一个或两个)破碎面的粗集料占粗集料总量的比例,以百分率表示。本方法规定被机械破碎的砾石破碎面大于或等于该颗粒最大横截面积的 1/4 者为破碎面(图 T0346-1),具有符合要求破碎面的集料称为破碎砾石。

2 仪具与材料

(1)天平:感量不大于 1g。
(2)标准筛。
(3)刮刀。

3 试验准备

将已干燥的试样用 4.75mm 标准筛过筛,利用四分法或分料器法分样。取大于 4.75mm 的粗集料供试验用。试样质量应符合表 T0346-1 的要求。当最大粒径大于或等于 19.0mm 时,再用 9.5mm 筛筛分成两部分,每一部分的试样均不得少于 200g,两部分试样分别测试后取平均值。

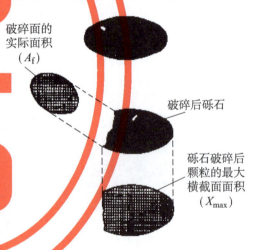

图 T0346-1 破碎面的定义

表 T0346-1 试样质量要求

公称最大粒径(mm)	最少试样质量(g)	公称最大粒径(mm)	最少试样质量(g)
9.5	200	26.5	3000
13.2	500	31.5	5000
16.0	1000	37.5	7500
19.0	1500	50	15000

4 试验步骤

4.1 将两部分的试样置 4.75mm 或 9.5mm 筛上,用水冲洗,至干净为止,用烘箱烘干至恒重,冷却,准确称重至 1g。

4.2 将试样摊开在面积足够大的平面上,以符合 $A_f > 0.25 X_{max}$ 要求的面作为破碎面,如图 T0346-1 所示,逐颗目测判断挑出具有一个以上破碎面的破碎砾石,以及肯定不满足一个破碎面的砾石分别堆放成两堆,将难以判断是否满足一个破碎面定义的砾石另堆成一堆。

4.3 分别对 3 堆集料称重,计算难以判断是否满足一个破碎面定义的砾石试样占集料总量的百分率,若其大于 15%,则应从中再次仔细挑拣,直至此部分比例小于 15% 为止。重新称量,计算各部分的百分率。

4.4 重复 4.2 及 4.3 的步骤,从具有一个以上破碎面的破碎砾石中挑出两个以上破碎面的破碎砾石以及只有一个破碎面的砾石分别堆放成两堆,将难以判断是否满足两个破碎面定义的砾石堆成第 3 堆。计算第 3 堆集料占集料总量的百分率,复挑至此百分率小于 15% 为止。对各部分称量,计算各部分的百分率。

4.5 每种试样需平行试验不少于两次。

5 计算

破碎砾石占集料总量的百分率按式(T0346-1)计算。

$$P = \frac{F + Q/2}{F + Q + N} \times 100 \qquad (T0346\text{-}1)$$

式中:P——具有一个以上或两个以上破碎面砾石占集料总量的百分率(%);
　　　F——满足一个或两个破碎面要求的集料的质量(g);
　　　N——不满足一个或两个破碎面要求的集料的质量(g);
　　　Q——难以判断是否满足具有一个或两个破碎面要求的集料的质量(g)。

条文说明

我国规范一直对破碎砾石的破碎面有要求,但缺乏相应的试验方法。本方法参照美国 ASTMD 5821—95 编写。SUPERPAVE 关于粗集料的棱角性,就是通过破碎砾石破碎面积的比例表示的,并提出了标准要求。

在欧洲除了测定破碎面积外,更习惯采用另一个试验方法作为专门的棱角性试验。因此在 EN 933-6 中包括了粗集料和细集料两个试验方法,即法国的 NF 18-563(粗集料用)及 NF 18-564(细集料用)。NF 18-564 即本规程 T 0345"细集料粗糙度试验方法"。NF 18-563 的测试原理与此相近,是放在一个频率 50Hz、振幅 0.5mm 的振动台上,不过粗集料难以漏下。粗集料的试验数量为 10kg 左右,由公式 $10 \times \gamma_T/2.70$ 计算得到。将一定体积的各种规格的粗集料放入漏斗中,在打开开关的同时开始计时,在振动条件下由斜槽全部漏出粗集料的秒数作为该粗集料的粗糙度指标。但是我们注意到,在欧洲 CEN 13043"沥青路面用集料标准"中虽同样规定了破碎面积的比例要求,却没有此方法的技术要求。再加上此试验方法在我国基本上尚未做过,所以这一次暂不列入本规程作为标准试验方法。有兴趣的单位可以按此方法进行测试。该方法的仪器设备如图 T0346-2 所示。

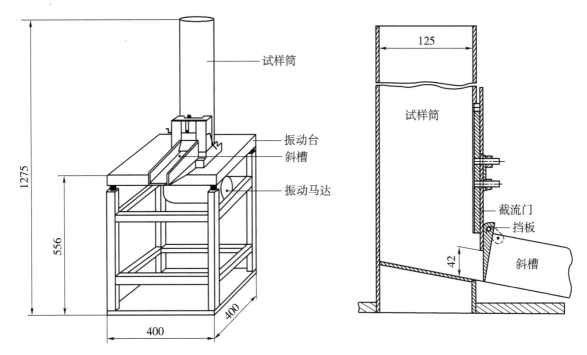

图 T0346-2 欧洲的粗集料棱角性测试仪(左为仪器全图,右为斜槽漏斗部分大样图,单位:mm)

T 0347—2000 集料碱值试验

1 目的与适用范围

本方法适用于评价集料与沥青的粘附性。

2 仪具与材料

(1)精密酸度计。

(2)硫酸:分析纯。

(3)碳酸钙:分析纯,粒径小于 0.075mm。

(4)移液管:100mL。

(5)圆底烧瓶:250mL,带标准磨口。

(6)球形回流冷凝器:60cm,具有与烧瓶相配合的标准磨口。

(7)控温油浴锅。

(8)烘箱。

(9)标准筛:0.075mm。

(10)精密天平:感量不大于 0.000 1g。

(11)粉碎集料用的锤、研钵。

(12)其它:蒸馏水、烧杯、1L容量瓶。

3 试验准备

3.1 硫酸标准溶液的配制

取分析纯硫酸13.6mL慢慢地贴壁加入盛有500mL蒸馏水的1L容量瓶中,然后用蒸馏水稀释至1L刻度,即得到浓度约为0.25mol/L的硫酸标准溶液。

3.2 用精密酸度计测定硫酸标准溶液的氢离子浓度N_0。

4 试验步骤

4.1 按本规程规定的方法准备代表性集料试样,清洗后烘干,破碎,用研钵研磨粉碎,过0.075mm筛,称取石粉$2g \pm 0.0002g$,置于圆底烧瓶中。

4.2 用移液管向烧瓶中加入0.25mol/L浓度的硫酸标准溶液100mL,随后放入130℃的油浴锅中回流30min(回流时必须开启冷却管中的冷凝水),移去油浴锅,冷却至室温(约4h~6h)。

4.3 用精密酸度计插入上层清液中,测定清液的氢离子浓度N_1。

4.4 称取$2g \pm 0.0002g$的分析纯碳酸钙粉末,置于另一个圆底烧瓶中,按上述完全相同的步骤,测定氢离子浓度N_2。

5 计算

集料的碱值按式(T0347-1)计算。

$$C = \frac{N_0 - N_1}{N_0 - N_2} \qquad (T0347\text{-}1)$$

式中:C——集料的碱值;

N_0——硫酸标准溶液的氢离子浓度;

N_1——检测集料与硫酸反应后的清液的氢离子浓度;

N_2——纯碳酸钙与硫酸反应后的清液的氢离子浓度。

条文说明

本方法的基本原理是,不同集料的碱性不同,接受质子的能力不同,消耗掉的氢离子浓度也是不相同的,并以分析纯的碳酸钙作为基准,测定集料与基准状态下消耗的氢离子浓度的比值,作为集料的碱值。本方法在"八五"国家科技攻关"道路沥青及沥青混合料路用性能的研究"专题中,用以评价不同集料与沥青的粘附性,取得了良好的效果。

T 0348—2005 钢渣活性及膨胀性试验

1 目的与适用范围

本方法适用于评价钢渣用作基层和沥青层材料使用时的活性及膨胀性。

注:对钢渣性能评定时宜附加测定游离氧化钙或氧化镁的含量。

2 仪具与材料

(1)台秤、磅秤及天平:秤的称量20kg,感量10g;天平称量2kg,感量1g。

(2)容量瓶:2000mL,带圆形玻璃皿盖。

(3)加热装置:煤气炉、电炉等。

(4)漏斗:直径50mm的玻璃漏斗。

(5)烘箱:能控温在105℃±5℃。

(6)标准筛:根据需要选用。

(7)土工击实试验设备一套。包括内径152mm、高170mm的金属圆筒,套环高50mm,直径151mm和高50mm的筒内垫块,底座,击实仪等。击实锤的底面直径50mm,总质量4.5g。击锤在导管内的总行程为450mm。

(8)多孔板:直径148mm,布满2mm圆孔,黄铜制,用于上方的多孔板中间有百分表触点,供安装百分表测定变形用,也可用多孔吸水板代替。

(9)恒温水浴:能同时放置150mm试件3个,持续保持水温80℃±3℃6h以上。

(10)水:蒸馏水、纯净水。

(11)比色管:工业用水标准比色管。

(12)其它:滤纸(化学分析用)、铲子、刷子、毛巾等。

3 试验步骤

3.1 试样准备

在钢渣的陈放地从料堆内部1m处取足够数量的钢渣样品,从3处以上取样混合后按分料器法或四分法处理,供试验使用。

注:钢渣试验结果与取样关系很大。如果钢渣已经破碎且在空气中经较长时间陈放,通常可基本上完成膨胀,试验结果不能反映实际集料中存在的未膨胀颗粒的情况。因此取样必须力求代表钢渣的实际破碎和陈放情况。由于钢渣有多孔与致密之分,需注意其比例接近实际情况。

3.2 钢渣遇水后的比色试验按以下步骤进行:

3.2.1 配制标准液:将重铬酸钾按0.006g/mL的浓度加入蒸馏水中配制标准比色液,装入100mL比色管中。

3.2.2 称取天然状态的钢渣 500g,放在烧杯中,加入约 1500mL 纯净水,至烧杯的标线处,盖上玻璃皿盖。

3.2.3 将烧杯放在热源上加热,调整火力,使其约在 15min 内沸腾,然后调为微火沸腾状态 45min,合计为 1h。

3.2.4 加热结束后,立即移下烧杯,补充加水至烧杯的标线处,适当搅拌。

3.2.5 用漏斗及滤纸过滤,将开始阶段的 20mL 过滤液废弃,再继续过滤得到 300mL 过滤液,作为比色液。

3.2.6 将比色液 100mL 装入比色管中,在背后放一张白纸,与标准比色液比较,评定有无颜色异常。此步骤必须在加热结束后 20min 以内完成。

3.3 钢渣膨胀性检测按下列步骤进行:

3.3.1 利用工程的实际沥青混合料级配,按照基层材料击实试验方法进行重型击实试验,击实锤重 4.5kg,落高 45cm,分 3 层装料,每次击实 98 次,确定最佳含水率和最大干密度。

3.3.2 将自然干燥的钢渣筛分成各个粒级,按工程的实际级配配制不少于 3 个直径 150mm 的重型击实试验用试件的混合料,每个试件约 7kg。按最佳含水率 ± 1% 加水充分拌和均匀,在密闭的容器内保存 24h 扣料。

3.3.3 在试模内装入压头,铺滤纸,进行击实成型,击实完成后取下套筒,用直尺刮刀整平试件表面,被刮出的粗集料及所有的细空隙都用细料补齐找平,盖上平板。将试模连同盖板一起仔细倒转,取走底板及压头垫块。再次垫上滤纸,装上多孔底板,将试模倒置,上面加盖中央有触点的多孔板,擦净试模外部及上下顶面。

3.3.4 将试模放进恒温水浴中,试模应全部浸没水中。

3.3.5 在多孔板上压 4 块半圆形的荷载板,每个 1.25kg,共重 5kg。其上装置试件膨胀量测定用的百分表架及百分表,百分表应准确对准中央触点并保持竖直状态。

3.3.6 立即读取百分表的初读数 d_0。

3.3.7 开始加温至 80℃ ± 3℃,自达到要求温度后起算连续 6h,停止加热,自然冷却,第2天开始加热前读取百分表读数 d_i。如此每日在相同时间加温及放冷一次,持续进行10日。

3.3.8 结束后的第2天读取百分表终读数 d_{10}。结束试验,拆除测定装置。

注:试验时3个试件宜在一个水浴中同时进行。

3.4 钢渣沥青混凝土的膨胀量按以下方法进行测定:

3.4.1 按使用钢渣的沥青混合料的实际配合比制作标准的马歇尔试件,数量不少于3个,用卡尺在直径方向仔细测定3个断面,在高度方向测定4处,计算试件体积 V_1。

3.4.2 将试件在60℃±1℃的恒温水浴中浸泡养生72h。

3.4.3 取出试件冷却至室温,观察有无裂缝或鼓包,立即按相同方法测量试件体积 V_2。

4 计算

4.1 钢渣膨胀量按式(T0348-1)计算。

$$C_1 = \frac{d_{10} - d_0}{125} \times 100 \qquad (\text{T0348-1})$$

式中:C_1——钢渣膨胀量(%);
  d_0——百分表的初读数(0.01mm);
  d_{10}——结束后的第2天读取的百分表终读数(0.01mm)。

4.2 钢渣沥青混凝土膨胀量按式(T0348-2)计算

$$C_2 = \frac{V_2 - V_1}{V_1} \times 100 \qquad (\text{T0348-2})$$

式中:C_2——钢渣沥青混凝土膨胀量(%);
  V_1——浸泡养生前试件体积(cm^3);
  V_2——浸泡养生后试件体积(cm^3)。

5 报告

5.1 钢渣遇水后的比色试验应记录比色变化情况。

5.2 钢渣膨胀量平行试验3个试件,取其平均值作为试验结果。

5.3 钢渣沥青混凝土膨胀量取3个试件的平均值,作为试验结果。报告应说明钢渣沥青混凝土试件有无裂缝及鼓包等情况。

条文说明

较长时期以来,钢渣作为拌制沥青混合料的集料一直没有得到认知和使用。究其原因,主要是因为炼钢过程中需要使用部分生石灰,这部分生石灰在未能充分钢渣化的情况下将成为游离生石灰。这样的钢渣如果大块堆放,没有事先破碎让其在空气中有相当长时间的存放和吸水熟化,活性氧化钙遇水后反应生成氢氧化钙:$CaO + H_2O \rightarrow Ca(OH)_2$,体积膨胀约2倍,在沥青路面将产生很大的膨胀力,导致路面发生鼓包损坏。一般情况下,转炉钢渣的游离氧化钙含量可能达到3%,而电炉钢渣的游离氧化钙只有0.3%,要小得多。但是在欧洲共同体标准EN 1744-1:1998中,没有要求测定游离氧化钙的含量,却要求测定氧化镁的含量,这一点是值得注意的。各单位在使用钢渣时,需对氧化钙和氧化镁的含量进行测定(方法可参照有关试验规程),以积累资料,进行研究。其实钢渣在许多国家是作为优质集料来使用的,它的抗破碎能力(如压碎值、洛杉矶磨耗值)都很高。近年来我国有些钢厂已经开始重视钢渣的合理应用,以有效利用废物,减轻公害。检验钢渣能否使用,国外一般是通过检测钢渣中的氧化钙或氧化镁含量或者其膨胀量,也有的直接测定沥青混凝土的膨胀性。我国《公路沥青路面施工技术规范》的配合比设计检验中一直要求对钢渣沥青混凝土进行活性检验,其膨胀量不得大于1%。EN 1744-1:1998要求膨胀量不大于3.5%,但要求按EN 196-2:1994测定氧化镁含量,168h时氧化镁含量大于5%时,改用试验时间24h,要求不大于或等于5%。

另外,炼钢用的石灰等原料中经常含有微量的硫磺,它极易与钙结合成硫化钙CaS,含量在1%左右。硫化钙在遇水后能生成高价硫离子,成为与温泉水相似的黄色不稳定物质,只有在空气中逐渐氧化才会变成中性,所以利用钢渣遇水时的颜色可以概略地判断其新鲜程度。

最终评价钢渣能否在沥青混合料中使用还要看是否满足水稳定性检验的要求,达不到这些要求的钢渣不得使用。

在日本《铺装试验法便览》中有几个与钢渣有关的试验方法,一个是钢渣遇水的判色检验方法(2-3-2),一个是钢渣的单轴抗压强度试验(2-3-3),还有两个分别用于基层及沥青混合料的钢渣膨胀量试验方法(2-3-4及3-4-17),钢渣沥青混凝土浸水膨胀性试验(3-7-8)。同时规定了钢渣的使用标准,要求破碎后陈放期不小于6个月,膨胀量不大于1.5%。本方法参照日本的方法编写。

关于钢渣的使用性能,一些国家和学者也提出了不少其它的试验方法。例如我国《武汉理工大学学报》2001年第6期"钢渣作沥青混凝土集料的研究"一文提出了钢渣粉化率的试验方法。一种方法是常压煮沸检验钢渣的稳定性方法,试验时取粒径5mm～20mm的烘干钢渣置于100℃水中煮沸3h,然后将试样取出烘干筛分,计算钢渣由于崩裂粉化产生的粒径小于1mm以下的颗粒含量。另一种方法是压蒸法检验钢渣的稳定性方法,试验时用5mm～20mm的烘干钢渣在100℃、2MPa条件下压蒸3h,然后将试样烘干筛分,计算出钢渣由于崩裂粉化产生的粒径在1mm以下的颗粒含量。

4 细集料试验

T 0327—2005 细集料筛分试验

1 目的与适用范围

测定细集料(天然砂、人工砂、石屑)的颗粒级配及粗细程度。对水泥混凝土用细集料可采用干筛法,如果需要也可采用水洗法筛分;对沥青混合料及基层用细集料必须用水洗法筛分。

注:当细集料中含有粗集料时,可参照此方法用水洗法筛分,但需特别注意保护标准筛筛面不遭损坏。

2 仪具与材料

(1)标准筛。
(2)天平:称量1000g,感量不大于0.5g。
(3)摇筛机。
(4)烘箱:能控温在105℃±5℃。
(5)其它:浅盘和硬、软毛刷等。

3 试验准备

根据样品中最大粒径的大小,选用适宜的标准筛,通常为9.5mm筛(水泥混凝土用天然砂)或4.75mm筛(沥青路面及基层用天然砂、石屑、机制砂等)筛除其中的超粒径材料。然后将样品在潮湿状态下充分拌匀,用分料器法或四分法缩分至每份不少于550g的试样两份,在105℃±5℃的烘箱中烘干至恒重,冷却至室温后备用。

注:恒重系指相邻两次称量间隔时间大于3h(通常不少于6h)的情况下,前后两次称量之差小于该项试验所要求的称量精密度,下同。

4 试验步骤

4.1 干筛法试验步骤

4.1.1 准确称取烘干试样约500g(m_1),准确至0.5g,置于套筛的最上面一只,即4.75mm筛上,将套筛装入摇筛机,摇筛约10min,然后取出套筛,再按筛孔大小顺序,从最大的筛号开始,在清洁的浅盘上逐个进行手筛,直到每分钟的筛出量不超过筛上剩余量的

0.1%时为止,将筛出通过的颗粒并入下一号筛,和下一号筛中的试样一起过筛,以此顺序进行至各号筛全部筛完为止。

注:①试样如为特细砂时,试样质量可减少到100g。
②如试样含泥量超过5%,不宜采用干筛法。
③无摇筛机时,可直接用手筛。

4.1.2 称量各筛筛余试样的质量,精确至0.5g。所有各筛的分计筛余量和底盘中剩余量的总量与筛分前的试样总量,相差不得超过后者的1%。

4.2 水洗法试验步骤

4.2.1 准确称取烘干试样约500g(m_1),准确至0.5g。

4.2.2 将试样置一洁净容器中,加入足够数量的洁净水,将集料全部淹没。

4.2.3 用搅棒充分搅动集料,将集料表面洗涤干净,使细粉悬浮在水中,但不得有集料从水中溅出。

4.2.4 用1.18mm筛及0.075mm筛组成套筛。仔细将容器中混有细粉的悬浮液徐徐倒出,经过套筛流入另一容器中,但不得将集料倒出。

注:不可直接倒至0.075mm筛上,以免集料掉出损坏筛面。

4.2.5 重复4.2.2~4.2.4步骤,直至倒出的水洁净且小于0.075mm的颗粒全部倒出。

4.2.6 将容器中的集料倒入搪瓷盘中,用少量水冲洗,使容器上沾附的集料颗粒全部进入搪瓷盘中。将筛子反扣过来,用少量的水将筛上的集料冲入搪瓷盘中。操作过程中不得有集料散失。

4.2.7 将搪瓷盘连同集料一起置105℃±5℃烘箱中烘干至恒重,称取干燥集料试样的总质量(m_2),准确至0.1%。m_1与m_2之差即为通过0.075mm筛部分。

4.2.8 将全部要求筛孔组成套筛(但不需0.075mm筛),将已经洗去小于0.075mm部分的干燥集料置于套筛上(通常为4.75mm筛),将套筛装入摇筛机,摇筛约10min,然后取出套筛,再按筛孔大小顺序,从最大的筛号开始,在清洁的浅盘上逐个进行手筛,直至每分钟的筛出量不超过筛上剩余量的0.1%时为止,将筛出通过的颗粒并入下一号筛,和下一号筛中的试样一起过筛,这样顺序进行,直至各号筛全部筛完为止。

注:如为含有粗集料的集料混合料,套筛筛孔根据需要选择。

4.2.9 称量各筛筛余试样的质量,精确至 0.5g。所有各筛的分计筛余量和底盘中剩余量的总质量与筛分前后试样总量 m_2 的差值不得超过后者的 1%。

5 计算

5.1 计算分计筛余百分率

各号筛的分计筛余百分率为各号筛上的筛余量除以试样总量(m_1)的百分率,精确至 0.1%。对沥青路面细集料而言,0.15mm 筛下部分即为 0.075mm 的分计筛余,由 4.2.7 测得的 m_1 与 m_2 之差即为小于 0.075mm 的筛底部分。

5.2 计算累计筛余百分率

各号筛的累计筛余百分率为该号筛及大于该号筛的各号筛的分计筛余百分率之和,准确至 0.1%。

5.3 计算质量通过百分率

各号筛的质量通过百分率等于 100 减去该号筛的累计筛余百分率,准确至 0.1%。

5.4 根据各筛的累计筛余百分率或通过百分率,绘制级配曲线。

5.5 天然砂的细度模数按式(T0327-1)计算,精确至 0.01。

$$M_x = \frac{(A_{0.15} + A_{0.3} + A_{0.6} + A_{1.18} + A_{2.36}) - 5A_{4.75}}{100 - A_{4.75}} \qquad (T0327\text{-}1)$$

式中: M_x——砂的细度模数;

$A_{0.15}、A_{0.3}、\cdots、A_{4.75}$——分别为 0.15mm、0.3mm、$\cdots$、4.75mm 各筛上的累计筛余百分率(%)。

5.6 应进行两次平行试验,以试验结果的算术平均值作为测定值。如两次试验所得的细度模数之差大于 0.2,应重新进行试验。

条文说明

各国细集料的筛分方法并没有什么不同,不同的是标准筛的规格。原规程对水泥混凝土集料 2.5mm 以上用圆孔筛,沥青路面都用方孔筛,现在已统一为方孔筛,因此本试验方法据此进行了修订。

对沥青路面来说,矿料级配中 0.075mm 通过率至关重要,所以国外在对细集料筛分时要求进行水筛,以准确测定 0.075mm 以下部分的含量,这对于石屑等粉尘含量大的材料影响更大。所以此次修订时参考 AASHTO T 11、ASTM C 117,日本道路协会试验法 3-4-3,对沥青路面用细集料规定了水洗法筛分方法,而对水泥混凝土用砂,因考虑到级配的影响不大,故仍保留原来的干筛方法。

在本规程 T 0333 中规定了含泥量测定方法,同样是采用水洗法测定,但结果是作为"泥"看待的,这在条文说明中已经说到,这样做其实是不对的,所以沥青路面的细集料要求用砂当量测定。不过,从另一个角度看,水洗法实际上也将所含的土作为矿粉洗出去了,将尺寸小于0.075mm的部分石粉和土都作为矿粉参加沥青混合料的配合比设计,尤其对含泥量大的砂,肯定会对沥青混合料的质量产生影响。可施工时又确实跟着一起都加到沥青混合料中了,这个问题只能从材料质量上解决,从中扣除土的含量也是很难算清楚的。所以要求必须符合砂当量的要求,这是个先决条件。

因此在沥青路面施工时,无论是进行原材料的筛分供沥青混合料目标配合比设计,还是从拌和机二次筛分后的热料仓取样筛分进行生产配合比设计,都必须先进行水洗法确定0.075mm通过率,使之符合实际情况。应该注意的是,其余筛孔在水中是筛不过去的,所以还必须烘干后再进行筛分。

关于细度模数的计算方法,2000年版对沥青混合料和水泥混凝土用的天然砂规定了两种计算公式。

对水泥混凝土用的天然砂,按式(T0327-1)计算,对沥青路面及各种路面的基层、底基层用的天然砂,按式(T0327-2)计算:

$$M_x = \frac{(A_{0.15} + A_{0.3} + A_{0.6} + A_{1.18} + A_{2.36}) - 5A_{4.75}}{100 - A_{4.75}}$$

$$M_x = \frac{A_{0.15} + A_{0.3} + A_{0.6} + A_{1.18} + A_{2.36} + A_{4.75}}{100} \quad (\text{T0327-2})$$

式中: M_x——砂的细度模数;

$A_{0.15}$、$A_{0.3}$、…、$A_{4.75}$——分别为0.15mm、0.3mm、…、4.75mm各筛上的累计筛余百分率(%)。

这两种方法,对砂中含有4.75mm以上颗粒时,计算的结果会有明显不同,原规程的条文说明也已经作了说明。但工程上还是经常有混淆,这也是很自然的。因为天然砂中经常会有4.75mm以上颗粒的情况。

美国ASTM C 136方法关于天然砂细度模数的计算方法与本规程的有所不同。它规定细度模数(fineness modulus of fine aggregates)是各号筛的累计筛余之和除以100之商。根本没有4.75mm颗粒的限制。其通用计算方法如下:

$$M_x = \frac{A_{0.15} + A_{0.3} + A_{0.6} + A_{1.18} + A_{2.36} + A_{4.75} + A_{9.5} + A_{19.0} + A_{37.5}}{100}$$

但是如果砂中明明有4.75mm以上部分,却又不计算$A_{4.75}$、$A_{9.5}$等等,即上面的公式(T0327-2),显然就会得到不同的结果。所以正确的方法要么按ASTM方法全部计算进去,要么将4.75mm以上部分全部筛除后计算。

兹举例说明不同计算方法的差异,某工程用砂筛分结果如表T0327-1。按ASTM的方法计算细度模数将是2.783,按上式(T0327-2)即表中方法2计算的细度模数为275.6/100=2.756,而按式(T0327-1)即方法3将4.75mm筛上剔除后计算的细度模数$M_x = (259.3 - 5 \times 16.3)/(100 - 16.3) = 2.124$,属于细砂,它与方法4即利用换算为除去4.75mm后的筛分结果(各筛余除以83.7%得到),再按ASTM的方法计算的结果相同。之所以不同方法的计算结果有如此大的差别,是因为砂中尚有16.3%的大于4.75mm部分,它对细度模数的计算影响甚大。

表T0327-1 不同方法计算的细度模数

筛孔 (mm)	原样筛分结果				筛除4.75mm以上后的样品		备注
	通过 (%)	累计筛余(%)			通过(%)	累计筛余(%)	
		方法1	方法2	方法3		方法4	
13.2	100						$A_{13.2}$
9.5	97.3	2.7					$A_{9.5}$

表 T0327-1(续)

筛孔 (mm)	原样筛分结果				筛除4.75mm以上后的样品		备注
	通过(%)	累计筛余(%)			通过(%)	累计筛余(%)	
		方法1	方法2	方法3		方法4	
4.75	83.7	16.3	16.3	—	100	—	$A_{4.75}$
2.36	75.4	24.6	24.6	24.6	90.1	9.9	$A_{2.36}$
1.18	69.4	30.6	30.6	30.6	82.9	17.1	$A_{1.18}$
0.6	67.6	32.4	32.4	32.4	80.8	19.2	$A_{0.6}$
0.3	22.8	77.2	77.2	77.2	27.2	72.8	$A_{0.3}$
0.15	5.5	94.5	94.5	94.5	6.6	93.4	$A_{0.15}$
0.075	1.4	—	—	—	1.7	—	—
和		278.3	275.6	259.3		212.4	
M_x		2.783	2.756	2.124		2.124	

这说明,2000年版的两个计算公式,当天然砂中没有4.75mm以上部分时,两个公式是一致的,即均适用于将4.75mm以上部分全部筛除的情况,计算结果不影响砂的粗细评价。所以原规程式(T0327-2)即方法2是建立在沥青混合料用砂没有4.75mm以上颗粒的前提下的。可是实际上砂中不见得完全没有4.75mm以上部分,而且拌制沥青混合料通常需将4.75mm以上砾石筛除后使用。尤其是在我国的沥青路面相关规范中,历来都没有细度模数这个指标,但细度模数是水泥混凝土用砂的重要分类依据。为此本次修改将本规程的计算方法统一为原规程的式(T0327-1),主要是为水泥混凝土使用。这样的计算结果在砂中包含大于4.75mm部分时与ASTM方法的计算结果不一样,这一点必须注意。在大多数情况下,没有4.75mm以上部分或者将4.75mm以上过筛后再使用,则计算结果相同。

在美国 ASTM D 1073"沥青路面混合料用细集料"中对砂的级配规定如表 T0327-2,供参考。

表 T0327-2 沥青路面混合料用砂规格(ASTM D 1073—88)

筛孔(mm)	1号级配	2号级配	3号级配	4号级配
9.5	100	—	—	100
4.75	95~100	100	100	80~100
2.36	70~100	75~100	95~100	65~80
1.18	40~80	50~74	85~100	40~80
0.6	20~65	28~52	65~90	20~65
0.3	7~40	8~30	30~60	7~40
0.15	2~20	0~12	5~25	2~20
0.075	1~10	0~5	0~5	1~10

T 0328—2005 细集料表观密度试验(容量瓶法)

1 目的与适用范围

用容量瓶法测定细集料(天然砂、石屑、机制砂)在23℃时对水的表观相对密度和表观密度。本方法适用于含有少量大于 2.36mm 部分的细集料。

2 仪具与材料

(1)天平:称量 1kg,感量不大于 1g。
(2)容量瓶:500mL。
(3)烘箱:能控温在 105℃±5℃。
(4)烧杯:500mL。
(5)洁净水。
(6)其它:干燥器、浅盘、铝制料勺、温度计等。

3 试验准备

将缩分至 650g 左右的试样在温度为 105℃±5℃ 的烘箱中烘干至恒重,并在干燥器内冷却至室温,分成两份备用。

4 试验步骤

4.1 称取烘干的试样约 300g(m_0),装入盛有半瓶洁净水的容量瓶中。

4.2 摇转容量瓶,使试样在已保温至 23℃±1.7℃ 的水中充分搅动以排除气泡,塞紧瓶塞,在恒温条件下静置 24h 左右,然后用滴管添水,使水面与瓶颈刻度线平齐,再塞紧瓶塞,擦干瓶外水分,称其总质量(m_2)。

4.3 倒出瓶中的水和试样,将瓶的内外表面洗净,再向瓶内注入同样温度的洁净水(温差不超过 2℃)至瓶颈刻度线,塞紧瓶塞,擦干瓶外水分,称其总质量(m_1)。

注:在砂的表观密度试验过程中应测量并控制水的温度,试验期间的温差不得超过 1℃。

5 计算

5.1 细集料的表观相对密度按式(T0328-1)计算至小数点后 3 位。

$$\gamma_a = \frac{m_0}{m_0 + m_1 - m_2} \qquad (T0328\text{-}1)$$

式中:γ_a——细集料的表观相对密度,无量纲;
m_0——试样的烘干质量(g);
m_1——水及容量瓶总质量(g);
m_2——试样、水及容量瓶总质量(g)。

5.2 表观密度 ρ_a 按式(T0328-2)计算,精确至小数点后 3 位。

$$\rho_a = \gamma_a \times \rho_T \quad \text{或} \quad \rho_a = (\gamma_a - \alpha_T) \times \rho_w \qquad (T0328\text{-}2)$$

式中:ρ_a——细集料的表观密度(g/cm³);
ρ_w——水在 4℃时的密度(g/cm³);

α_T——试验时水温对水密度影响的修正系数,按附录B表B-1取用;

ρ_T——试验温度 T 时水的密度(g/cm³),按附录B表B-1取用。

6 报告

以两次平行试验结果的算术平均值作为测定值,如两次结果之差值大于 0.01g/cm³ 时,应重新取样进行试验。

条文说明

T 0328、T 0329、T 0330 都是用来测定细集料的各种相对密度及密度、吸水率的试验方法。不同的是采用的方法不同,T 0328 是容量瓶,T 0329 是比重瓶,而 T 0330 是在采用坍落筒的同时得出饱和面干状态,再用 T 0328 或 T 0329 方法测定毛体积相对密度。

原规程这几个方法规定均适用于天然砂,但是对沥青混合料使用的细集料如机制砂、石屑则缺乏这一类标准试验方法。本次修改后不仅适用于天然砂,也适用于细集料。试验时要求使用的洁净水可以用蒸馏水,也可以用纯净水。

原规程测定细集料密度的试验方法中,还有一个利用李氏比重瓶测定的方法(T 0329),它利用设置细集料前后的比重瓶刻度读数之差 $V_2 - V_1$ 作为试样的绝对体积(不考虑吸水),并由此计算得到该温度时的细集料表观密度值,再通过温度换算计算细集料的相对密度。此方法与矿粉密度的方法(T 0352)相同,由此计算表观相对密度时应除以试验温度时水的密度。而本方法(T 0328)是通过称重计算的,不是由刻度线体积计算的,材料的体积是排开水的体积,计算得到的是该温度下细集料对水的相对密度,然后进行温度换算计算得到表观密度。所以测定途径是不一样的。实践表明,对细集料,采用李氏比重瓶测定时很难去除细集料附着的气泡,所以很难测定准确。而且采用李氏比重瓶法试验时,应在试验前对比重瓶的体积予以校正,这也容易造成误差。因此实践中一般都不采用此方法,而采用本方法利用容量瓶测定,为此本次修订将 T 0329 删除,只保留 T 0328 的容量瓶法。

T 0330—2005 细集料密度及吸水率试验

1 目的与适用范围

1.1 用坍落筒法测定细集料(天然砂、机制砂、石屑)在23℃时对水的毛体积相对密度、表观相对密度、表干相对密度(饱和面干相对密度)。

1.2 用坍落筒法测定细集料(天然砂、机制砂、石屑)处于饱和面干状态时的吸水率。

1.3 用坍落筒法测定细集料(天然砂、机制砂、石屑)的毛体积密度、表观密度、表干密度(饱和面干密度)。

1.4 本方法适用于小于 2.36mm 以下的细集料。当含有大于 2.36mm 的成分时,如 0~4.75mm 石屑,宜采用 2.36mm 的标准筛进行筛分,其中大于 2.36mm 的部分采用 T 0308 "粗集料密度与吸水率测定方法"测定,小于 2.36mm 的部分用本方法测定。

2 仪具与材料

(1)天平:称量 1kg,感量不大于 0.1g。
(2)饱和面干试模:上口径 40mm ± 3mm,下口径 90mm ± 3mm,高 75mm ± 3mm 的坍落筒(见图 T0330-1)。

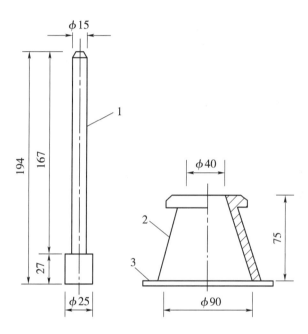

图 T0330-1 饱和面干试模及其捣棒(尺寸单位:mm)
1-捣棒;2-试模;3-玻璃板

(3)捣棒:金属棒,直径 25mm ± 3mm,质量 340g ± 15g(图 T0330-1)。
(4)烧杯:500mL。
(5)容量瓶:500mL。
(6)烘箱:能控温在 105℃ ± 5℃。
(7)洁净水,温度为 23℃ ± 1.7℃。
(8)其它:干燥器、吹风机(手提式)、浅盘、铝制料勺、玻璃棒、温度计等。

3 试验准备

3.1 将来样用 2.36mm 标准筛过筛,除去大于 2.36mm 的部分。在潮湿状态下用分料器法或四分法缩分细集料至每份约 1000g,拌匀后分成两份,分别装入浅盘或其它合适的容器中。

3.2 注入洁净水,使水面高出试样表面 20mm 左右(测量水温并控制在 23℃ ± 1.7℃),

用玻璃棒连续搅拌 5min,以排除气泡,静置 24h。

3.3 细心地倒去试样上部的水,但不得将细粉部分倒走,并用吸管吸去余水。

3.4 将试样在盘中摊开,用手提吹风机缓缓吹入暖风,并不断翻拌试样,使集料表面的水在各部位均匀蒸发,达到估计的饱和面干状态。注意吹风过程中不得使细粉损失。

3.5 然后将试样松散地一次装入饱和面干试模中,用捣棒轻捣 25 次,捣棒端面距试样表面距离不超过 10mm,使之自由落下,捣完后刮平模口,如留有空隙亦不必再装满。

3.6 从垂直方向徐徐提起试模,如试样保留锥形没有坍落,则说明集料中尚含有表面水,应继续按上述方法用暖风干燥、试验,直至试模提起后试样开始出现坍落为止。如试模提起后试样坍落过多,则说明试样已干燥过分,此时应将试样均匀洒水约 5mL,经充分拌匀,并静置于加盖容器中 30min 后,再按上述方法进行试验,至达到饱和面干状态为止。判断饱和面干状态的标准,对天然砂,宜以"在试样中心部分上部成为 2/3 左右的圆锥体,即大致坍塌 1/3 左右"作为标准状态;对机制砂和石屑,宜以"当移去坍落筒第一次出现坍落时的含水率即最大含水率作为试样的饱和面干状态"。

4 试验步骤

4.1 立即称取饱和面干试样约 300g(m_3)。

4.2 将试样迅速放入容量瓶中,勿使水分蒸发和集料粒散失,而后加洁净水至约 450mL 刻度处,转动容量瓶排除气泡后,再仔细加水至 500mL 刻度处,塞紧瓶塞,擦干瓶外水分,称其总量(m_2)。

4.3 全部倒出集料试样,洗净瓶内外,用同样的水(每次需测量水温,宜为 23℃ ± 1.7℃,两次水温相差不大于 2℃),加至 500mL 刻度处,塞紧瓶塞,擦干瓶外水分,称其总量(m_1)。将倒出的集料样置 105℃ ± 5℃的烘箱中烘干至恒重,在干燥器内冷却至室温后,称取干样的质量(m_0)。

5 计算

5.1 细集料的表观相对密度 γ_a、表干相对密度 γ_s 及毛体积相对密度 γ_b 按式(T0330-1)、(T0330-2)、(T0330-3)计算至小数点后 3 位。

$$\gamma_a = \frac{m_0}{m_0 + m_1 - m_2} \qquad (\text{T0330-1})$$

$$\gamma_s = \frac{m_3}{m_3 + m_1 - m_2} \qquad (\text{T0330-2})$$

$$\gamma_b = \frac{m_0}{m_3 + m_1 - m_2} \tag{T0330-3}$$

式中：γ_a——集料的表观相对密度，无量纲；

γ_s——集料的表干相对密度，无量纲；

γ_b——集料的毛体积相对密度，无量纲；

m_0——试样烘干后质量(g)；

m_1——水、瓶总质量(g)；

m_2——饱和面干试样、水、瓶总质量(g)；

m_3——饱和面干试样质量(g)。

5.2 细集料的表观密度 ρ_a、表干密度 ρ_s 及毛体积密度 ρ_b 按式（T0330-4）、（T0330-5）、（T0330-6)计算至小数点后 3 位。

$$\rho_a = (\gamma_a - \alpha_T) \times \rho_w \tag{T0330-4}$$
$$\rho_s = (\gamma_s - \alpha_T) \times \rho_w \tag{T0330-5}$$
$$\rho_b = (\gamma_b - \alpha_T) \times \rho_w \tag{T0330-6}$$

式中：ρ_a——集料的表观密度(g/cm³)；

ρ_s——集料的表干密度(g/cm³)；

ρ_b——集料的毛体积密度(g/cm³)；

ρ_w——水在 4℃时的密度值(g/cm³)；

α_T——试验时水温对水密度影响的修正系数，按附录 B 表 B-1 取用。

5.3 细集料的吸水率按式(T0330-7)计算，精确至 0.01%。

$$w_x = \frac{m_3 - m_0}{m_0} \times 100 \tag{T0330-7}$$

式中：w_x——集料的吸水率(%)；

m_3——饱和面干试样质量(g)；

m_0——烘干试样质量(g)。

5.4 如因特殊需要，需以饱和面干状态的试样为基准求取细集料的吸水率时，细集料的饱和面干吸水率按式(T0330-8)计算，精确至 0.01%，但需在报告中注明。

$$w'_x = \frac{m_3 - m_0}{m_3} \times 100 \tag{T0330-8}$$

式中：w'_x——集料的饱和面干吸水率(%)；

m_3——饱和面干试样质量(g)；

m_0——烘干试样质量(g)。

6 精度与允许差

6.1 毛体积密度及饱和面干密度以两次平行试验结果的算术平均值为测定值,如两次结果与平均值之差大于 0.01g/cm^3 时,应重新取样进行试验。

6.2 吸水率以两次平行试验结果的算术平均值作为测定值,如两次结果与平均值之差大于 0.02% ,应重新取样进行试验。

条文说明

1 本试验方法原来规定的适用范围是天然砂,这次修改为适用于天然砂、机制砂、石屑,是为适应沥青混合料计算体积指标时需要各种细集料的毛体积相对密度,参照美国 AASHTO T 84 修改的,但是在 1993 年版 ASTM 中,此法明确是适用于天然砂,1993 年公布 SUPERPAVE 需要测定机制砂和石屑的毛体积相对密度后,AASHTO T 84 才开始将适用范围扩大到所有细集料。我国直至 2000 年版以前一直规定只适用于天然砂。以天然砂的坍落筒方法测定机制砂和石屑毛体积相对密度是否适宜,国内外都有不同的看法。普遍认为其重现性和再现性很差,人为影响较大,所以美国也在加紧研究新的细集料毛体积相对密度的测定方法。不过美国近年来的 ASTM 及 AASHTO 试验规程中都说明此法也适用于其它沥青混凝土路面的细集料,在欧洲共同体的 CEN 标准 EN 933-6 及英国 BS 812 中,对毛体积相对密度的测定方法,显然包括了石屑和机制砂。在日本道路协会的《铺装试验法便览》3-4-2 中也已规定用于细集料,并未限于天然砂。在目前尚无更合适的测定机制砂和石屑毛体积相对密度试验方法的情况下,本规程也将适用范围扩大到天然砂、机制砂、石屑,试验时要求使用的洁净水可以用蒸馏水,也可以用纯净水。

这里特别需要注意的是,试验得出的两个指标毛体积相对密度和饱和面干毛体积相对密度是两个性质不同的指标,千万别搞混淆了。毛体积相对密度是以烘干状态(绝干)为基准与试样毛体积的比值,它常用于热拌沥青混合料体积指标的计算;而饱和面干毛体积相对密度是以表干状态为基准与试样毛体积的比值,它常用于水泥混凝土用量的计算。

2 试验用的坍落筒原规程的尺寸是按照日本试验方法规定的,与美国和欧洲的不同,据查美国 AASHTO T 84、欧洲 EN 933-6、英国 BS 812 标准上口及下口的尺寸均分别为 $40\text{mm} \pm 3\text{mm}$、$90\text{mm} \pm 3\text{mm}$,高 $75\text{mm} \pm 3\text{mm}$,捣棒的尺寸及质量相同,为此本规程作了修改。

3.6 如何判断细集料的表干(饱和面干)状态,是本方法最大的困难。对天然砂一般并无大的争议,但对机制砂和石屑是否也按照相同的模式判断就不好说了。我国以前的试验规程附有根据试样坍陷情况判断饱和面干状态的图,使用中常有疑问或争论,这次将其删除。在 AASHTO T 84 以及在《热拌沥青混合料材料、配合比设计与施工》一书中定义"**当移去坍落筒第一次出现坍落时的含水率即为试样的饱和面干状态**",同时说明此试验必须重复进行数次,以求取测定细集料出现坍落的"**最大含水率状态**"为饱和面干状态。至于坍落多少算坍塌,就没有规定了。日本的规程中也将"**最初的坍落状态**"定义为饱和面干状态,而"**最初坍落**"又是指"**在试样中心部分上部成为 2/3 左右的圆锥体**",此标准似乎与美国 SUPERPAVE 资料中的一张标准照片(见图 T0330-2)一样,不过显然只适合于天然砂。对机制砂或石屑,显然与"**最大含水率状态**"或"**最初的坍落状态**"的标准是不一致的。因为试验表明,对石屑和机制砂,如果也要求如天然砂一样坍塌剩下 2/3,细集料表面看起来已经非常干燥,远非饱和面干状态了。但是奇怪的是此时石屑的含水率却并不会太小,有时甚至在5%以上。所以这个状态又显然是针对机制砂和石屑讲的。因为对天然砂,在刚开始坍塌的情况下明显还有较多的表面水。所以同样都属于细集料,对天然砂和机制砂、石屑在试验时掌握坍塌的尺度上应该有所不同。本规范就是根据这些具体情况提出了不同的判断标准。

图 T0330-2　美国 SUPERPAVE 资料中砂的饱和面干状态照片

在欧洲共同体 CEN 标准化委员会的标准 EN 933-6 及 BS 812 中附有饱和面干状态的相同的几张图,如图 T0330-3 所示,原文说明其中状态 a 基本上仍然是坍落筒的形状,说明过于潮湿;状态 b 可感知部分坍落筒的形状,也略显潮湿,但已经接近饱和面干;状态 c 是符合要求的饱和面干状态,其特点是已经坍落,但有明显的尖顶及坡脚;状态 d 则完全坍塌,表示过分干燥。不过如果按照这些照片和图片,石屑试验要达到图中 c 这个状态,表面确实是很干燥了。我国的实践表明,此判断方法对天然砂是适用的,即以图 c 作为饱和面干的标准状态。而对机制砂和石屑,按照"出现坍落的最大含水状态作为饱和面干状态的说法",它更应该是介于状态 a 与状态 b 之间。试验时可以参考此图掌握。

需要注意的是,在我国国家标准 GB/T 14684—2001 试验方法中也有 3 张标准图片,显然是不可取的,是不能作为判断饱和面干状态的依据的。

5　本规程的计算方法实际上与 T 0308 是一样的,为了校验试验数据的准确性,集料的几种相对密度及吸水率之间可以按下式互相验算:

当测定结果为表观相对密度 γ_a、毛体积相对密度(绝干状态 dsy)γ_b、饱和面干毛体积相对密度(SSD)γ_s 时,则以下等式成立:

$$w_x = \left(\frac{1}{\gamma_b} - \frac{1}{\gamma_a}\right) \times 100$$

$$\gamma_a = \frac{1}{\frac{1 + w_x/100}{\gamma_s} - \frac{w_x}{100}} = \frac{\gamma_s}{1 - \frac{w_x}{100}(\gamma_s - 1)}$$

$$\gamma_a = \frac{1}{\frac{1}{\gamma_s} - \frac{w_x}{100}} = \frac{\gamma_b}{1 - \frac{w_x \times r_b}{100}}$$

$$\gamma_s = \left(1 + \frac{w_x}{100}\right) \times \gamma_b$$

$$w_x = \left[\frac{\gamma_s}{\gamma_b} - 1\right] \times 100 = \left[\frac{\gamma_a - \gamma_s}{\gamma_a(\gamma_s - 1)}\right] \times 100$$

6　本试验的精度一般不可能太高,这从各国的精度和允许差规定可以看出来,日本的试验规程规定对两次相对密度平行试验结果与平均值之差不超过 0.01,吸水率不超过 0.03%;本规程考虑误差过大对沥青混合料体积指标计算影响太大,将吸水率提高为 0.02%。美国 AASHTO T 84 对试验结果的精度要求如表 T0330-1。

图 T0330-3　欧洲 CEN 标准 EN 933-6 及英国 BS 812 标准中的状态照片

a-含水率过大,过于潮湿;b-含水率适中;c-可以接受;d-含水率太小,过于干燥

表 T0330-1　AASHTO T 84 试验结果的精度要求

项　目	标准差	两次试验的允许差
重现性		
毛体积相对密度(绝干状态 dsy)	0.011	0.032
饱和面干毛体积相对密度(SSD)	0.0095	0.027
表观相对密度	0.0095	0.027
吸水率(%)	0.11	0.31
再现性		
毛体积相对密度(绝干状态 dsy)	0.023	0.066
饱和面干毛体积相对密度(SSD)	0.020	0.056
表观相对密度	0.020	0.056
吸水率(%)	0.23	0.66

T 0331—1994 细集料堆积密度及紧装密度试验

1 目的与适用范围

测定砂自然状态下堆积密度、紧装密度及空隙率。

2 仪具与材料

(1)台秤:称量 5kg,感量 5g。

(2)容量筒:金属制,圆筒形,内径 108mm,净高 109mm,筒壁厚 2mm,筒底厚 5mm,容积约为 1L。

(3)标准漏斗(见图 T0331-1)。

(4)烘箱:能控温在 105℃ ± 5℃。

(5)其它:小勺、直尺、浅盘等。

3 试验准备

3.1 试样制备:用浅盘装来样约 5kg,在温度为 105℃ ± 5℃的烘箱中烘干至恒重,取出并冷却至室温,分成大致相等的两份备用。

注:试样烘干后如有结块,应在试验前先予捏碎。

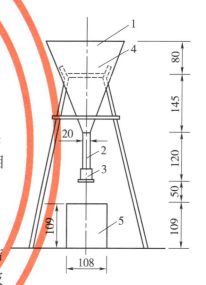

图 T0331-1 标准漏斗(尺寸单位:mm)
1-漏斗;2-ϕ20mm 管子;3-活动门;4-筛;5-金属量筒

3.2 容量筒容积的校正方法:以温度为 20℃ ± 5℃的洁净水装满容量筒,用玻璃板沿筒口滑移,使其紧贴水面,玻璃板与水面之间不得有空隙。擦干筒外壁水分,然后称量,用式(T0331-1)计算筒的容积 V。

$$V = m'_2 - m'_1 \quad (T0331\text{-}1)$$

式中:V——容量筒的容积(mL);

m'_1——容量筒和玻璃板总质量(g);

m'_2——容量筒、玻璃板和水总质量(g)。

4 试验步骤

4.1 堆积密度:将试样装入漏斗中,打开底部的活动门,将砂流入容量筒中,也可直接用小勺向容量筒中装试样,但漏斗出料口或料勺距容量筒筒口均应为 50mm 左右,试样装满并超出容量筒筒口后,用直尺将多余的试样沿筒口中心线向两个相反方向刮平,称取质量(m_1)。

4.2 紧装密度:取试样 1 份,分两层装入容量筒。装完一层后,在筒底垫放一根直径为

10mm 的钢筋,将筒按住,左右交替颠击地面各 25 下,然后再装入第二层。

第二层装满后用同样方法颠实(但筒底所垫钢筋的方向应与第一层放置方向垂直)。两层装完并颠实后,添加试样超出容量筒筒口,然后用直尺将多余的试样沿筒口中心线向两个相反方向刮平,称其质量(m_2)。

5 计算

5.1 堆积密度及紧装密度分别按式(T0331-2)和式(T0331-3)计算至小数点后 3 位。

$$\rho = \frac{m_1 - m_0}{V} \tag{T0331-2}$$

$$\rho' = \frac{m_2 - m_0}{V} \tag{T0331-3}$$

式中:ρ——砂的堆积密度(g/cm^3);
$\quad\rho'$——砂的紧装密度(g/cm^3);
$\quad m_0$——容量筒的质量(g);
$\quad m_1$——容量筒和堆积砂的总质量(g);
$\quad m_2$——容量筒和紧装砂的总质量(g);
$\quad V$——容量筒容积(mL)。

5.2 砂的空隙率按式(T0331-4)计算,精确至 0.1%。

$$n = \left(1 - \frac{\rho}{\rho_a}\right) \times 100 \tag{T0331-4}$$

式中:n——砂的空隙率(%);
$\quad\rho$——砂的堆积或紧装密度(g/cm^3);
$\quad\rho_a$——砂的表观密度(g/cm^3)。

6 报告

以两次试验结果的算术平均值作为测定值。

T 0332—2005 细集料含水率试验

1 目的与适用范围

测定细集料的含水率。

2 仪具与材料

(1)烘箱:能控温在 105℃ ± 5℃。
(2)天平:称量 2kg,感量不大于 2g。

(3)容器:浅盘等。

3 试验步骤

由来样中取各约500g的代表性试样两份,分别放入已知质量(m_1)的干燥容器中称量,记下每盘试样与容器的总量(m_2),将容器连同试样放入温度为105℃±5℃的烘箱中烘干至恒重,称烘干后的试样与容器的总量(m_3)。

4 计算

按式(T0332-1)计算细集料的含水率,精确至0.1%。

$$w = \frac{m_2 - m_3}{m_3 - m_1} \times 100 \qquad (T0332-1)$$

式中:w——细集料的含水率(%);

m_1——容器质量(g);

m_2——未烘干的试样与容器总质量(g);

m_3——烘干后的试样与容器总质量(g)。

5 报告

以两次试验结果的算术平均值为测定值。

T 0333—2000 细集料含泥量试验(筛洗法)

1 目的与适用范围

1.1 本方法仅用于测定天然砂中粒径小于0.075mm的尘屑、淤泥和粘土的含量。

1.2 本方法不适用于人工砂、石屑等矿粉成分较多的细集料。

2 仪具与材料

(1)天平:称量1kg,感量不大于1g。

(2)烘箱:能控温在105℃±5℃。

(3)标准筛:孔径0.075mm及1.18mm的方孔筛。

(4)其它:筒、浅盘等。

3 试验准备

将来样用四分法缩分至每份约1000g,置于温度为105℃±5℃的烘箱中烘干至恒重,冷却至室温后,称取约400g(m_0)的试样两份备用。

4 试验步骤

4.1 取烘干的试样一份置于筒中,并注入洁净的水,使水面高出砂面约 200mm,充分拌和均匀后,浸泡 24h,然后用手在水中淘洗试样,使尘屑、淤泥和粘土与砂粒分离,并使之悬浮水中,缓缓地将浑浊液倒入 1.18mm 至 0.075mm 的套筛上,滤去小于 0.075mm 的颗粒。试验前筛子的两面应先用水湿润,在整个试验过程中应注意避免砂粒丢失。

注:不得直接将试样放在 0.075mm 筛上用水冲洗,或者将试样放在 0.075mm 筛上后在水中淘洗,以避免误将小于 0.075mm 的砂颗粒当作泥冲走。

4.2 再次加水于筒中,重复上述过程,直至筒内砂样洗出的水清澈为止。

4.3 用水冲洗剩留在筛上的细粒,并将 0.075mm 筛放在水中(使水面略高出筛中砂粒的上表面)来回摇动,以充分洗除小于 0.075mm 的颗粒;然后将两筛上筛余的颗粒和筒中已经洗净的试样一并装入浅盘,置于温度为 105℃±5℃ 的烘箱中烘干至恒重,冷却至室温,称取试样的质量(m_1)。

5 计算

砂的含泥量按式(T0333-1)计算至 0.1%。

$$Q_n = \frac{m_0 - m_1}{m_0} \times 100 \qquad (\text{T0333-1})$$

式中:Q_n——砂的含泥量(%);
m_0——试验前的烘干试样质量(g);
m_1——试验后的烘干试样质量(g)。

以两个试样试验结果的算术平均值作为测定值。两次结果的差值超过 0.5% 时,应重新取样进行试验。

条文说明

本方法含泥量应该是指天然砂中的含泥量,是将天然砂放在水中淘洗,让砂沉淀,悬浮液倒走,并用 0.075mm 过滤的方法区别砂与土,所以试验时务必不使砂(有不少细砂颗粒会小于 0.075mm)随水一起冲走,否则就不一定是含"泥"量了。但淘洗后,小于 0.075mm 部分的细砂粒沉淀很慢,是很容易随土一起倾走的。有的实验室在试验时直接用 0.075mm 筛在水中淘洗或者直接将砂放在 0.075mm 筛上用水冲洗,将通过 0.075mm 部分都当作"泥"看待,这种做法是不对的。因此严格来说,本方法是测不准真正的含泥量的,应该尽可能采用 T0334 的砂当量试验。对机制砂、石屑等细粉成分较多的细集料,不适用于本方法。对这些材料的洁净程度在《公路沥青路面施工技术规范》(JTG F40—2004)中是这样规定的,细集料的洁净程度,天然砂以小于 0.075mm 含量的百分数表示,石屑和机制砂以砂当量(适用于 0~4.75mm)或亚甲蓝值(适用于 0~2.36mm 或 0~0.15mm)表示。

T 0334—2005 细集料砂当量试验

1 目的与适用范围

1.1 本方法适用于测定天然砂、人工砂、石屑等各种细集料中所含的粘性土或杂质的含量,以评定集料的洁净程度。砂当量用 SE 表示。

1.2 本方法适用于公称最大粒径不超过 4.75mm 的集料。

2 仪具与材料

(1)仪具

①透明圆柱形试筒:如图 T0334-1,透明塑料制,外径 40mm±0.5mm,内径 32mm±0.25mm,高度 420mm±0.25mm。在距试筒底部 100mm、380mm 处刻划刻度线,试筒口配有橡胶瓶口塞。

②冲洗管:如图 T0334-2,由一根弯曲的硬管组成,不锈钢或冷锻钢制,其外径为 6mm±0.5mm,内径为 4mm±0.2mm。管的上部有一个开关,下部有一个不锈钢两侧带孔尖头,孔径为 1mm±0.1mm。

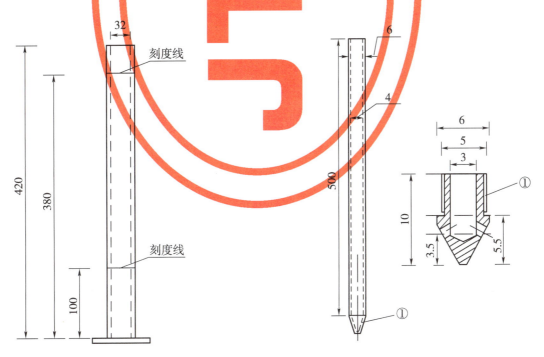

图 T0334-1 透明圆柱试筒(尺寸单位:mm)　　图 T0334-2 冲洗管(尺寸单位:mm)

③透明玻璃或塑料桶:容积 5L,有一根虹吸管放置桶中,桶底面高出工作台约 1m。

④橡胶管(或塑料管):长约 1.5m,内径约 5mm,同冲洗管联在一起吸液用,配有金属

夹,以控制冲洗液流量。

⑤配重活塞:如图T0334-3,由长440mm±0.25mm的杆、直径25mm±0.1mm的底座(下面平坦、光滑,垂直杆轴)、套筒和配重组成。且在活塞上有三个横向螺丝可保持活塞在试筒中间,并使活塞与试筒之间有一条小缝隙。

套筒为黄铜或不锈钢制,厚10mm±0.1mm,大小适合试筒并且引导活塞杆,能标记筒中活塞下沉的位置。套筒上有一个螺钉用以固定活塞杆。配重为1kg±5g。

⑥机械振荡器:可以使试筒产生横向的直线运动振荡,振幅203mm±1.0mm,频率180次/min±2次/min。

⑦天平:称量1kg,感量不大于0.1g。

⑧烘箱:能使温度控制在105℃±5℃。

⑨秒表。

⑩标准筛:筛孔为4.75mm。

⑪温度计。

⑫广口漏斗:玻璃或塑料制,口的直径100mm左右。

⑬钢板尺:长50cm,刻度1mm。

⑭其它:量筒(500mL),烧杯(1L),塑料桶(5L)、烧杯、刷子、盘子、刮刀、勺子等。

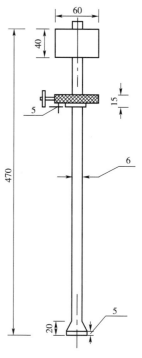

图 T0334-3 配重活塞
(尺寸单位:mm)

(2)试剂

①无水氯化钙($CaCl_2$):分析纯,含量96%以上,分子量110.99,纯品为无色立方结晶,在水中溶解度大,溶解时放出大量热,它的水溶液呈微酸性,具有一定的腐蚀性。

②丙三醇($C_3H_8O_3$):又称甘油,分析纯,含量98%以上,分子量92.09。

③甲醛(HCHO):分析纯,含量36%以上,分子量30.03。

④洁净水或纯净水。

3 试验准备

3.1 试样制备

3.1.1 将样品通过孔径4.75mm筛,去掉筛上的粗颗粒部分,试样数量不少于1000g。如样品过分干燥,可在筛分之前加少量水分润湿(含水率约为3%左右),用包橡胶的小锤打碎土块,然后再过筛,以防止将土块作为粗颗粒筛除。当粗颗粒部分被在筛分时不能分离的杂质裹覆时,应将筛上部分的粗集料进行清洗,并回收其中的细粒放入试样中。

注:在配制稀浆封层及微表处混合料时,4.75mm部分经常是由两种以上的集料混合而成,如由3mm~5mm和3mm以下石屑混合,或由石屑与天然砂混合组成时,可分别对每种集料按本方法测定其砂当量,然后按组成比例计算合成的砂当量。为减少工作量,通常做法是将样品按配比混合组成后用4.75mm过筛,测定集料混合料的砂当量,以鉴定材料是否合格。

3.1.2 按 T 0332 的方法测定试样含水率。试验用的样品,在测定含水率和取样试验期间不要丢失水分。

由于试样是加水湿润过的,对试样含水率应按现行含水率测定方法进行,含水率以两次测定的平均值计,准确至 0.1%。经过含水率测定的试样不得用于试验。

3.1.3 称取试样的湿重

根据测定的含水率按式(T0334-1)计算相当于 120g 干燥试样的样品湿重,准确至 0.1g。

$$m_1 = \frac{120 \times (100 + w)}{100} \quad \text{(T0334-1)}$$

式中:w——集料试样的含水率(%);

m_1——相当于干燥试样 120g 时的潮湿试样的质量(g)。

3.2 配制冲洗液

3.2.1 根据需要确定冲洗液的数量,通常一次配制 5L,约可进行 10 次试验。如试验次数较少,可以按比例减少,但不宜少于 2L,以减小试验误差。冲洗液的浓度以每升冲洗液中的氯化钙、甘油、甲醛含量分别为 2.79g、12.12g、0.34 g 控制。称取配制 5L 冲洗液的各种试剂的用量:氯化钙 14.0g;甘油 60.6g;甲醛 1.7g。

3.2.2 称取无水氯化钙 14.0g 放入烧杯中,加洁净水 30mL 充分溶解,此时溶液温度会升高,待溶液冷却至室温,观察是否有不溶的杂质,若有杂质必须用滤纸将溶液过滤,以除去不溶的杂质。

3.2.3 然后倒入适量洁净水稀释,加入甘油 60.6g,用玻璃棒搅拌均匀后再加入甲醛 1.7 g,用玻璃棒搅拌均匀后全部倒入 1L 量筒中,并用少量洁净水分别对盛过 3 种试剂的器皿洗涤 3 次,每次洗涤的水均放入量筒中,最后加入洁净水至 1L 刻度线。

3.2.4 将配制的 1L 溶液倒入塑料桶或其它容器中,再加入 4L 洁净水或纯净水稀释至 5L±0.005L。该冲洗液的使用期限不得超过 2 周,超过 2 周后必须废弃,其工作温度为 22℃±3℃。

注:有条件时,可向专门机构购买高浓度的冲洗液,按照要求稀释后使用。

4 试验步骤

4.1 用冲洗管将冲洗液加入试筒,直到最下面的 100mm 刻度处(约需 80mL 试验用冲洗液)。

4.2 把相当于120g±1g干料重的湿样用漏斗仔细地倒入竖立的试筒中。

4.3 用手掌反复敲打试筒下部,以除去气泡,并使试样尽快润湿,然后放置10min。

4.4 在试样静止10min±1min后,在试筒上塞上橡胶塞堵住试筒,用手将试筒横向水平放置,或将试筒水平固定在振荡机上。

4.5 开动机械振荡器,在30s±1s的时间内振荡90次。用手振荡时,仅需手腕振荡,不必晃动手臂,以维持振幅230mm±25mm,振荡时间和次数与机械振荡器同。然后将试筒取下竖直放回试验台上,拧下橡胶塞。

4.6 将冲洗管插入试筒中,用冲洗液冲洗附在试筒壁上的集料,然后迅速将冲洗管插到试筒底部,不断转动冲洗管,使附着在集料表面的土粒杂质浮游上来。

4.7 缓慢匀速向上拔出冲洗管,当冲洗管抽出液面,且保持液面位于380mm刻度线时,切断冲洗管的液流,使液面保持在380mm刻度线处,然后开动秒表在没有扰动的情况下静置20min±15s。

4.8 如图T0334-4所示,在静置20min后,用尺量测从试筒底部到絮状凝结物上液面的高度(h_1)。

4.9 将配重活塞徐徐插入试筒里,直至碰到沉淀物时,立即拧紧套筒上的固定螺丝。将活塞取出,用直尺插入套筒开口中,量取套筒顶面至活塞底面的高度h_2,准确至1mm。同时记录试筒内的温度,准确至1℃。

4.10 按上述步骤进行2个试样的平行试验。

注:①为了不影响沉淀的过程,试验必须在无振动的水平台上进行。随时检查试验的冲洗管口,防止堵塞。
②由于塑料在太阳光下容易变成不透明,应尽量避免将塑料试筒等直接暴露在太阳光下。盛试验溶液的塑料桶用毕要清洗干净。

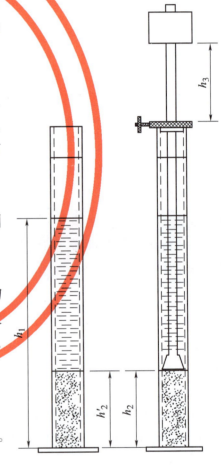

图T0334-4 读数示意图

5 计算

5.1 试样的砂当量值按式(T0334-2)计算。

$$SE = \frac{h_2}{h_1} \times 100 \qquad (T0334\text{-}2)$$

式中：SE——试样的砂当量(%)；

h_2——试筒中用活塞测定的集料沉淀物的高度(mm)；

h_1——试筒中絮凝物和沉淀物的总高度(mm)。

5.2 一种集料应平行测定两次，取两个试样的平均值，并以活塞测得砂当量为准，并以整数表示。

条文说明

细集料中的泥土杂物对细集料的使用性能有很大的影响，尤其是对沥青混合料，当水分进入混合料内部时遇水即会软化，以前我国通行水洗法测定小于 0.075mm 含量，将其作为含泥量，即 T0333 的方法。但是将小于 0.075mm 含量都看成土是不正确的。在天然砂的规格中，通常允许 0.075mm 通过率为 0~5%(以前甚至为 10%)，而含泥量一般不超过 3%。其实不管天然砂、石屑、机制砂，各种细集料中小于 0.075mm 的部分不一定是土，大部分可能是石粉或超细砂粒。为了将小于 0.075mm 的矿粉、细砂与含泥量加以区分，国外通常采用砂当量试验。

下表是在玄武岩石屑中添加不同的泥土测定的砂当量的结果。试验表明，如果控制砂当量不小于 60%，将能控制含土量不超过 6% 左右。

含土量(%)	0	4.91	9.74	12.99
砂当量(%)	80	68	53	40

不过，砂当量测定值不仅仅取决于含土量，细集料中石粉也会影响砂当量的大小。在洗净的玄武岩中按 SMA 常用比例加通过 0.075mm 的细粉 10%，变化细粉中土和石灰岩石粉的比例，其砂当量试验结果如图 T0334-5。

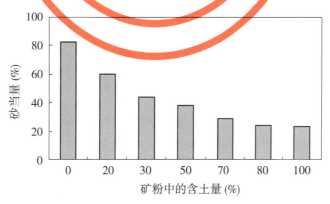

图 T0334-5　矿粉中土的含量对砂当量的影响

在图 T0334-5 中，如果 0.075mm 以下全部为矿粉，砂当量为 82.1%，而 0.075mm 以下全部为土时的砂当量为 26.1%。0.075mm 以下含土率增加到 20%，砂当量从 82.1% 下降到了 60.4%，说明砂当量受土含量的影响十分显著。

因此,国际上还通行一种称为亚甲蓝的试验方法。在欧洲共同体的 CEN 标准中,已经将亚甲蓝试验方法定为标准方法,而原来象法国等许多国家也使用的砂当量试验却没有了,关于这个问题,我国尚未研究,目前仍然采用砂当量试验作为标准试验方法。

本方法中工作液的配制是参照国外 ASTM 等方法的规定,先配制成高浓度氯化钙溶液及高浓度的甘油甲醛混合液,再稀释为试验用的冲洗液。如按试验方法的量配制,约可供 100 多次试验使用。而且按 ASTM 的规定,配制的溶液存放时间不得超过 2 周。考虑到实际上试验次数经常比较少,本次修改规定直接配制冲洗液,一次配制 5L 工作液,足够一周的试验使用。

T 0335—1994　细集料泥块含量试验

1　目的与适用范围

测定水泥混凝土用砂中颗粒大于 1.18mm 的泥块的含量。

2　仪具与材料

(1)天平:称量 2kg,感量不大于 2g。
(2)烘箱:能控温在 105℃ ± 5℃。
(3)标准筛:孔径 0.6mm 及 1.18 mm。
(4)其它:洗砂用的筒及烘干用的浅盘等。

3　试验准备

将来样用分料器法或四分法缩分至每份约 2500g,置于温度为 105℃ ± 5℃ 的烘箱中烘干至恒重,冷却至室温后,用 1.18mm 筛筛分,取筛上的砂约 400g 分为两份备用。

4　试验步骤

4.1　取试样 1 份 200g(m_1)置于容器中,并注入洁净的水,使水面至少超出砂面约 200mm,充分拌混均匀后,静置 24h,然后用手在水中捻碎泥块,再把试样放在 0.6mm 筛上,用水淘洗至水清澈为止。

4.2　筛余下来的试样应小心地从筛里取出,并在 105℃ ± 5℃ 的烘箱中烘干至恒重,冷却至室温后称量(m_2)。

5　计算

砂中泥块含量按式(T0335-1)计算,精确至 0.1%。

$$Q_k = \frac{m_1 - m_2}{m_1} \times 100 \qquad (T0335\text{-}1)$$

式中:Q_k——砂中大于 1.18mm 的泥块含量(%);

m_1——试验前存留于 1.18mm 筛上的烘干试样量(g);

m_2——试验后的烘干试样量(g)。

6 报告

取两次平行试验结果的算术平均值作为测定值,两次结果的差值如超过 0.4%,应重新取样进行试验。

T 0336—1994 细集料有机质含量试验

1 目的与适用范围

本方法用于评定天然砂中的有机质含量是否达到影响水泥混凝土品质的程度。

2 仪具与材料

(1)天平:感量不大于称量的 0.01%。
(2)量筒:250mL、100mL 和 10mL。
(3)氢氧化钠溶液:氢氧化钠与洁净水的质量比为 3∶97。
(4)鞣酸、酒精等。
(5)其它:烧杯、玻璃棒和孔径为 4.75mm 的方孔筛。

3 试验准备

3.1 试样制备:筛去试样中 4.75mm 以上的颗粒,用分料器法或四分法缩分至约 500g,风干备用。

3.2 标准溶液的配制方法:取 2g 鞣酸粉溶解于 98mL10%酒精溶液中,即得所需的鞣酸溶液。然后取该溶液 2.5mL 注入 97.5mL 浓度为 3%的氢氧化钠溶液中,加塞后剧烈摇动,静置 24h 即得标准溶液。

4 试验步骤

4.1 向 250mL 量筒中倒入试样至 103mL 刻度处,再注入浓度为 3%的氢氧化钠溶液至 200mL 刻度处,剧烈摇动后静置 24h。

4.2 比较试样上部溶液和新配制标准溶液的颜色。盛装标准溶液与盛装试样的量筒规格应一致。

5 结果

若试样上部的溶液颜色浅于标准溶液的颜色,则试样的有机质含量鉴定合格;如两种溶液的颜色接近,则应将该试样(包括上部溶液)倒入烧杯中,再将烧杯放在温度为60℃~70℃的水槽锅中加热 2h~3h,然后再与标准溶液比色。

如溶液的颜色深于标准色,则应按下法作进一步试验:

取试样 1 份,用 3%氢氧化钠溶液洗除有机杂质,再用洁净水淘洗干净,至试样用比色法试验时溶液的颜色浅于标准色,然后用经洗除有机质和未洗除有机质的试样以相同的配合比分别配成流动性基本相同的两种水泥砂浆,测定其 7d 和 28d 的抗压强度,如未经洗除砂的砂浆强度不低于经洗除有机质后的砂的砂浆强度的 95%时,则此砂可以采用。

T 0337—1994　细集料云母含量试验

1　目的与适用范围

测定砂中云母的近似含量。

2　仪具与材料

(1)放大镜(5 倍左右)。
(2)钢针。
(3)天平:称量 100g,感量不大于 0.01g。

3　试验步骤

称取经缩分的试样 50g,在温度为 105℃±5℃的烘箱中烘干至恒重,冷却至室温后,先筛去大于 4.75mm 和小于 0.3mm 的颗粒,然后根据砂的粗细不同称取试样 10g~20g (m_0),放在放大镜下观察,用钢针将砂中所有云母全部挑出,称量所挑出的云母质量(m_1)。

4　计算

砂中云母含量按式(T0337-1)计算,精确至 0.1%。

$$Q_e = \frac{m_1}{m_0} \times 100 \qquad (T0337\text{-}1)$$

式中:Q_e——砂中云母含量(%);
　　　m_0——烘干试样质量(g);
　　　m_1——挑出的云母质量(g)。

T 0338—1994　细集料轻物质含量试验

1　目的与适用范围

测定砂中轻物质近似含量。

2 仪具与材料

(1)烘箱:能控温在105℃±5℃。

(2)天平:称量1000g,感量不大于0.1g。

(3)玻璃仪器:量杯(1000mL)、量筒(250mL)、烧杯(150mL)。

(4)比重计:测定范围1.0~2.0。

(5)网篮:内径和高度均约为70mm,网孔孔径不大于0.3mm(可用坚固性试验用的网篮,也可用孔径0.3mm的筛)。

(6)氯化锌:化学纯。

3 试验准备

3.1 称取经缩分的试样约800g,在105℃±5℃的烘箱中烘干至恒重,冷却后将大于4.75mm和小于0.3mm的颗粒筛去,然后称取每份约重200g的试样两份备用。

3.2 配制相对密度为1.95~2.0的重液:向1000mL的量杯中加水至600mL刻度处,再加入1500g氯化锌,用玻璃棒搅拌使氯化锌全部溶解,待冷却至室温后(氯化锌在溶解过程中放出大量热量),将部分溶液倒入250mL量筒中测其相对密度。如溶液相对密度小于要求值,则将它倒回量杯,再加入氯化锌,溶解并冷却后测其相对密度,直至溶液相对密度达到要求数值为止。

4 试验步骤

4.1 将上述试样1份(m_0)倒入盛有重液(约500mL)的量杯中,用玻璃棒充分搅拌,使试样中的轻物质与砂分离,静置5min后,将浮起的轻物质连同部分重液倒入网篮中。轻物质留在网篮上,而重液则通过网篮流入另一容器。倾倒重液时应避免带出砂粒,一般当重液表面与砂表面相距约20mm~30mm时即停止倾倒。流出的重液倒回盛试样的量杯中,重复上述过程,直至无轻物质浮起为止。

4.2 用清水洗净留存于网篮中的轻物质,然后将它倒入烧杯,在105℃±5℃的烘箱中烘干至恒重,用感量为0.01g的天平称量轻物质与烧杯总量(m_1)。

5 计算

砂中轻物质的含量按式(T0338-1)计算,精确至0.1%。

$$Q_g = \frac{m_1 - m_2}{m_0} \times 100 \qquad (T0338\text{-}1)$$

式中:Q_g——砂中轻物质的含量(%);

　　　m_1——烘干的轻物质与烧杯的总量(g);

　　　m_2——烧杯的质量(g);

m_0——试验前烘干的试样质量(g)。

6 报告

以两份试样试验结果的算术平均值作为测定值。

T 0339—1994 细集料膨胀率试验

1 目的与适用范围

测定砂的膨胀率。

2 仪具与材料

同砂的含水率试验和砂的堆积密度试验。

3 试验步骤

3.1 测定烘干砂的堆积密度(或紧装密度)。

3.2 测定试样砂的堆积密度(或紧装密度)。

3.3 测定相应状态砂的含水率。

4 计算

砂的膨胀率按式(T0339-1)计算,精确至1%。

$$P = \frac{\rho_d(100+w)}{\rho_w} - 100 \tag{T0339-1}$$

式中：P——砂的膨胀率(%);
ρ_d——干砂堆积密度(kg/m³);
ρ_w——试样砂堆积密度(kg/m³);
w——试样砂含水率(%)。

5 报告

以两次试验结果的算术平均值作为测定值。

条文说明

本试验所说的膨胀率,是指一定质量的砂代表样,当其含水率由烘干状态升高到试验时某一含水率后的体积增加数,以烘干状态的体积百分数表示,以了解砂含水率在一定变化范围内(一般 $w = 0 \sim 10\%$)的体积变化情况。

T 0340—2005 细集料坚固性试验

1 目的与适用范围

本方法用以确定砂试样经饱和硫酸钠溶液多次浸泡与烘干循环,承受硫酸钠结晶压而不发生显著破坏或强度降低的性能,以评定砂的坚固性能(也称安定性)。

2 仪具与材料

(1)烘箱:能控温在105℃±5℃。

(2)天平:称量200g,感量不大于0.2g。

(3)标准筛:孔径为0.3mm、0.6mm、1.18mm、2.36mm、4.75mm。

(4)容器:搪瓷盆或瓷缸,容量不小于10L。

(5)三脚网篮:内径及高均为70mm,由铜丝或镀锌铁丝制成,网孔的孔径不应大于所盛试样粒级下限尺寸的一半。

(6)试剂:无水硫酸钠或10水结晶硫酸钠(工业用)。

(7)波美比重计。

3 试验准备

取一定数量的洁净水(多少取决于试样及容器大小),加温至30℃~50℃,每1000mL洁净水加入无水硫酸钠(Na_2SO_4)300g~350g或10水硫酸钠($Na_2SO_4 \cdot 10H_2O$)700g~1000g,用玻璃棒搅拌,使其溶解并饱和,然后冷却至20℃~25℃,在此温度下静置48h,其相对密度应保持在1.151~1.174(波美度为18.9~21.4)范围内。试验时容器底部应无结晶存在。

4 试验步骤

4.1 将试样烘干,称取粒级分别为0.3mm~0.6mm、0.6mm~1.18mm、1.18mm~2.36mm和2.36mm~4.75mm的试样各约100g,m_i,分别装入网篮并浸入盛有硫酸钠溶液的容器中。溶液体积应不小于试样总体积的5倍,其温度应保持在20℃~50℃范围内。三脚网篮浸入溶液时应先上下升降25次以排除试样中的气泡,然后静置于该容器中。此时网篮底面应距容器底面约30mm(由网篮脚高控制),网篮之间的间距应不小于30mm。试样表面至少应在液面以下30mm。

4.2 浸泡20h后,从溶液中提出网篮,放在105℃±5℃的烘箱中烘烤4h,至此完成了第一个试验循环。待试样冷却至20℃~25℃后,即开始第二次循环。

从第二次循环开始,浸泡及烘烤时间均为 4h。共循环 5 次。

4.3 最后一次循环完毕后,将试样置于 25℃~30℃ 的清水中洗净硫酸钠,再在 105℃±5℃ 的烘箱中烘干至恒重,取出冷却至室温后,用筛孔孔径为试样粒级下限的筛,过筛并称量各粒级试样试验后的筛余量 m'_i。

注:试样中硫酸钠是否干净,可按下法检验:
取洗试样的水数毫升,滴入少量氯化钡($BaCl_2$)溶液,如无白色沉淀,即说明硫酸钠已被洗净。

5 计算

5.1 试样中各粒级颗粒的分计损失百分率按式(T0340-1)计算。

$$Q_i = \frac{m_i - m'_i}{m_i} \times 100 \quad (T0340\text{-}1)$$

式中:Q_i——试样中各粒级颗粒的分计损失百分率(%);
m_i——每一粒级试样试验前烘干质量(g);
m'_i——经硫酸钠溶液试验后,每一粒级筛余颗粒的烘干质量(g)。

5.2 试样的坚固性损失总百分率按式(T0340-2)计算,精确至 1%。

$$Q = \frac{\sum m_i Q_i}{\sum m_i} \quad (T0340\text{-}2)$$

式中:Q——试样的坚固性损失(%);
m_i——不同粒级的颗粒在原试样总量中的分计质量(g);
Q_i——不同粒级的分计质量损失百分率(%)。

T 0341—1994 细集料三氧化硫含量试验

1 目的与适用范围

测定砂中是否含有有害的硫酸盐、硫化物,按 SO_3 计,并测定其含量。

2 仪具与材料

(1)定性试验需用仪具与材料:
①天平:称量 1kg,感量不大于 1g;称量 100g,感量不大于 0.001g。
②筛:筛孔 0.075mm。
③烧杯:容量 500mL。
④其它:纯盐酸、10%氯化钡($BaCl_2$)溶液、滤纸、玻璃棒及研钵等。
(2)定量试验需用仪具与材料:
①分析天平:感量不大于 0.0001g。

②摇瓶:1000mL。

③无灰滤纸:要求经灼烧后无质量。

④混合指示剂:1份甲基红和3份溴甲酚绿的0.1%酒精溶液。

⑤纯盐酸。

⑥10%氯化钡($BaCl_2$)溶液。

⑦其它:普通电炉、高温电炉、振荡器、搅拌器、抽气瓶、烧杯、坩埚及平底瓷漏斗等。

3 试验步骤

3.1 定性试验

3.1.1 用分料器法或四分法取代表样约1000g,烘干至恒重,称取烘干样约200g,在研钵中研成粉末,通过0.075mm筛,仔细拌匀粉末并称取100g,放在500mL的烧杯中,注入250mL洁净水,搅拌1min~2min(数次),经一昼夜后用滤纸过滤,然后向滤液中加2~3滴纯盐酸,注入5mL左右10%氯化钡溶液,加热至50℃,再静置一昼夜。

3.1.2 如有白色沉淀物产生,即表示砂中有SO_3,须进行定量试验测定其含量。

3.2 定量试验

3.2.1 称取通过0.075mm筛孔的烘干试样200g,装入注有500mL洁净水的烧瓶中,加塞蜡封,经常摇动,经一昼夜后,再把溶液摇浑,用抽气法过滤。

3.2.2 将100mL的过滤溶液放在250mL的烧杯中,加入4~5滴混合指示剂,使溶液变色,接着加入纯盐酸至溶液呈红色,再加4~5滴混合指示剂,煮沸后加入10%氯化钡溶液约15mL,然后搅拌均匀。为了得到较大的硫酸钡($BaSO_4$)结晶,可将溶液在60℃~70℃的温度内加热2h,然后静置数小时。

3.2.3 用紧密滤纸将此溶液过滤,过滤前将滤纸微湿,过滤完后,把原装滤液的烧杯用洁净水洗几次至洁净,再将洗烧杯的水也加以过滤,最后把留在滤纸上的物质洗几遍(以1%硝酸银溶液检验Cl^-)。

3.2.4 把过滤后留在滤纸上的物质连同滤纸一起放入已知质量的干坩埚中,将坩埚放在普通电炉上使滤纸炭化,然后再放在700℃~800℃高温电炉上灼烧15min~20min,待灰化后取出,放在干燥器内冷却至室温,用分析天平称其总量(m_1)。

4 计算

4.1 按式(T0341-1)计算SO_3含量,精确至0.01%。

$$P = \frac{(m_1 - m_0) \times 0.343}{40} \times 100 \quad (T0341\text{-}1)$$

式中：P——SO_3 含量（%）；

　　m_0——坩埚质量（g）；

　　m_1——坩埚和灰化物总质量（g）；

　　0.343——硫酸钡（$BaSO_4$）换算为 SO_3 的系数；

　　40——作定量试验的试样质量（g）。

4.2 取两次试验结果的算术平均值作为测定值，若两次试验结果之差大于 0.15% 时，应重新取样进行试验。

T 0343—1994 细集料含水率快速试验（酒精燃烧法）

1 目的与适用范围

快速测定细集料（砂）的含水率。

2 仪具与材料

(1)天平：称量 200g，感量不大于 0.2g。
(2)容器：铁或铝制浅盘。
(3)50mL 的量筒或量杯。
(4)酒精：普通工业酒精。
(5)其它：毛刷、玻璃棒等。

3 试验步骤

3.1 取干净容器，称取其质量（m_1）。

3.2 将约 100g 试样置于容器中，称取试样和容器的总量（m_2）。

3.3 向容器中的试样加入约 20mL 酒精，拌和均匀后点火燃烧并不断翻拌试样，待火焰熄灭后，过 1min 再加入约 20mL 酒精，仍按上述步骤进行。

3.4 待第二次火焰熄灭后，称取干样与容器总质量（m_3）。

注：试样经两次燃烧后，表面应呈干燥颜色，否则须再加酒精燃烧一次。

4 计算

4.1 细集料（砂）的含水率按式（T0343-1）计算，精确至 0.1%。

$$w = (m_2 - m_3)/(m_3 - m_1) \times 100 \qquad (T0343-1)$$

式中：w——砂的含水率(%)；

m_1——容器质量(g)；

m_2——燃烧前试样与容器总质量(g)；

m_3——燃烧后干试样与容器总质量(g)。

4.2 以两次平行试验结果的算术平均值作为测定值。

T 0344—2000 细集料棱角性试验(间隙率法)

1 目的与适用范围

1.1 本方法测定一定量的细集料通过标准漏斗，装入标准容器中的间隙率，称为细集料的棱角性，以百分率表示。

1.2 本方法适用于测定天然砂、人工砂、石屑等用于路面的细集料的棱角性，以预测细集料对沥青混合料的内摩擦角和抗流动变形性能的影响。

2 仪具与材料

(1)细集料棱角性测定仪：如图 T0344-1 所示，上部为一个金属或塑料制的圆筒形容量瓶，容积不少于 250mL，下面接一个高 38mm 的金属制倒圆锥筒漏斗，角度为 60°±4°，漏斗内部光滑，流出孔开口直径 12.7mm±0.6mm。测定仪下方放置一个 100mL 的铜制接受容器，容器内径 39mm，高 86mm。此容器镶嵌在一块厚 6mm 的金属板上，容器与底板之间用环氧树脂填充固结。金属底板底部的正中央有一个凹坑，用以与底座位置对中。

(2)标准筛：孔径为 4.75mm、2.36mm 的方孔筛。

(3)天平：感量不大于 0.1g。

(4)烘箱：能控温在 105℃±5℃。

(5)玻璃板：60mm×60mm，厚 4mm。

(6)刮尺：带刃直尺，长 100mm，宽 20mm。

(7)其它：搪瓷盘、毛刷等。

3 试验步骤

3.1 称取细集料接受容器的干质量 m_0。

3.2 在容器中加满水，称取圆筒加水的质量 m_1，标定容器的容积 $V = m_1 - m_0$，此时可忽略温度对水密度的影响。

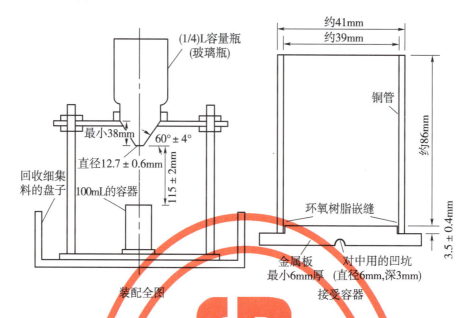

图 T0344-1 细集料棱角性测定装置

3.3 将从现场取来的细集料试样,按照最大粒径的不同选择 2.36mm 或 4.75mm 的标准筛过筛,除去大于最大粒径的部分。通常对天然砂或 0~3mm 规格的机制砂、石屑采用 2.36mm 筛,对 0~5mm 机制砂、石屑可采用 4.75mm 筛。

3.4 取约 2kg 试样放在搪瓷盘中,加水浸泡 24h,仔细淘洗,使泥土和粉尘悬浮在水中。分数次缓缓地将悬浊液通过 1.18mm、0.075mm 套筛倒去悬浮的混水,并用洁净的水冲洗集料,仔细冲走小于 0.075mm 部分。将 1.18mm 及 0.075mm 筛上部分均倒回搪瓷盘中,放入 105℃±5℃ 烘箱中烘干至恒重,冷却后适当拌和均匀,按分料器法或四分法称取 190g±1g 的试样不少于 3 份。

3.5 将漏斗与圆筒接好,成一整体。在漏斗下方置接受容器。用一块小玻璃板堵住开口处。

3.6 将试样从圆筒中央上方(高度与筒顶齐平)徐徐倒入漏斗,表面尽量倒平。

3.7 取走堵住漏斗开启门的小玻璃板。漏斗中的细集料随即通过漏斗开口处流出,进入接受容器中。

3.8 用带刃的直尺轻轻刮平容器的表面,不加任何振动。

3.9 称取容器与细集料的总质量 m_2,准确至 0.1g。

3.10 按本规程 T 0330 的方法测定细集料的毛体积相对密度 γ_b。

3.11 平行试验 3 次,以平均值作为细集料棱角性的试验结果。

4 计算

按式(T0344-1)、(T0344-2)计算容器中细集料的松装密度和间隙率,精确至小数点后 1 位,间隙率即为细集料的棱角性。

$$\gamma_{fa} = \frac{m_2 - m_0}{m_1 - m_0} \quad (\text{T0344-1})$$

$$U = (1 - \frac{\gamma_{fa}}{\gamma_b}) \times 100 \quad (\text{T0344-2})$$

式中:γ_{fa}——细集料的松装相对密度;

m_0——容器空质量(g);

m_1——容器与水的总质量(g);

m_2——容器与细集料的总质量(g);

U——细集料的间隙率,即棱角性(%);

γ_b——细集料的毛体积相对密度。

条文说明

天然砂与人工砂、石屑在用于沥青混合料时,使用性能有很大的差别。由于天然砂经过亿万年的风化、搬运,一般比较坚硬,尤其是海砂,大部分是石英颗粒,所以天然砂作为细集料,往往有较好的耐久性。但是天然砂与沥青的粘附性往往较差,而且砂的形状基本上是球形颗粒,所以对高温抗车辙能力极为不利。相反,石屑由于是破碎石料时的下脚料,基本上是石料中较为薄弱的部分首先变成石屑剥落下来,所以石屑中扁平颗粒含量较大,而且强度较差,所以规范对石屑的使用有一定的限制。但是,正因为石屑是破碎得到的,使用表面特别粗糙,对提高马歇尔稳定度及车辙试验的动稳定度效果非常明显,而且扁平颗粒可以通过改善破碎方式得以减少,人工砂有时是在加工过程中将石屑中的粉料用吸尘设备吸走后得到的。

如何评价细集料的表面粗糙程度、棱角性,历来没有标准方法。美国在战略性公路研究计划(SHRP)研究过程中特别强调测定砂的棱角性指标(FAA)的重要性,提出了标准试验方法 AASHTO 33"细集料未压实空隙率试验方法(受颗粒形状、表面结构和级配的影响)",提出了非常简单的测定棱角性的设备装置。该方法是将干燥细集料试样通过一个标准漏斗,漏入一个经标定的圆筒,由细集料的空隙率作为棱角性指标。空隙率越大,意味着有较大的内摩擦角,球状颗粒少,细集料的表面构造粗糙,所以是描述细集料性能的重要指标。

但在 AASHTO 33 方法中,有三种试样,一种是标准试样(A 组),由下列样品组成:

2.36mm ~ 1.18mm	44g
1.18mm ~ 0.60mm	57g
0.60mm ~ 0.30mm	72g
0.30mm ~ 0.15mm	17g

A组试样一组合计190g。混合在一起进行空隙率测定。

B组试样是用2.36mm~1.18mm、1.18mm~0.60mm、0.60mm~0.30mm三组试样分别取190g进行试验,棱角性由三个空隙率的平均值表示。A、B试样都是用水清洗干净后试验的。

C组试样即本规程规定的由4.75mm筛过筛的试样,但规程中未要求清洗,考虑到C组试验更符合我国目前还做不到的将细集料筛分后再配合使用的工程实际情况,所以本规程仅列入了C组一种试样的试验方法。

SHRP的SUPERPAVE配合比设计方法对细集料的棱角性(FAA)作出了规定,如表T0344-1所示。

表 T0344-1 SUPERPAVE对细集料的棱角性要求

道路交通量 （百万辆ESALs）	距路表下深度(mm)	
	<100	>100
0.3	—	—
<1	40%	—
<3	40%	40%
<10	45%	40%
<30	45%	40%
<100	45%	45%
≤100	45%	45%

美国对SMA路面要求细集料的棱角性FAA不得小于45%。细集料的棱角性对SMA集料的嵌挤作用非常重要,通过细集料的棱角性试验方法,可以评定天然砂、人工砂、石屑等细集料颗粒对沥青混合料的内摩擦角和抗流动变形性能的影响。

T 0345—2005 细集料棱角性试验(流动时间法)

1 目的与适用范围

1.1 本方法测定一定体积的细集料(机制砂、石屑、天然砂)全部通过标准漏斗所需要的流动时间,称为细集料的棱角性,以 s 表示。

1.2 本方法测定的细集料棱角性,适用于评定细集料颗粒的表面构造和粗糙度,预测细集料对沥青混合料的内摩擦角和抗流动变形性能的影响。

1.3 当工程上同时使用不同品种的细集料,如将天然砂和机制砂、石屑混用时,应以实际配合比例组成的细集料混合料进行试验,并满足相应规范的要求。

2 仪具与材料

(1)细集料流动时间测定仪:如图T0345-1所示,上部为直径90mm,高125mm的金属圆筒,下部为可更换的开口60°的金属或硬质塑料漏斗,漏斗内部应光滑,其流出孔直径有两种可更换的规格 12mm 或 16mm,上部由螺纹与圆筒连接成一整体。漏斗下方有一个可以左右转动的开启挡板。测定仪下方放置一个足以存下 3kg 细集料的容器,如铝盆、搪瓷盆等。

(2)标准筛:孔径为 4.75mm、2.36mm、0.075mm 的方孔筛。

(3)天平:感量不大于 0.1g。

(4)烘箱:能控温在 105℃ ± 5℃。

(5)秒表:准确至 0.1s。

(6)其它:搪瓷盘、毛刷等。

3 试验步骤

3.1 将从现场取来的细集料试样,按照最大粒径的不同选择 2.36mm 或 4.75mm 的标准筛过筛,除去大于最大粒径的部分。但当工程上同时使用不同品种的细集料,如将天然砂和机制砂、石屑混用时,应分别进行单一细集料品种的棱角性质量评定,同时以实际配合比例组成的细集料混合料进行试验,以评定其使用性能。

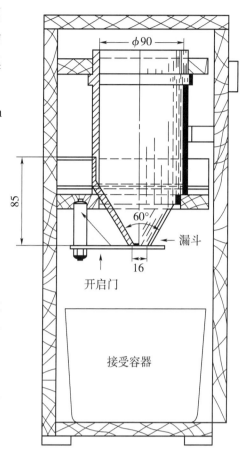

图 T0345-1 细集料流动时间测定仪
(流出孔径可更换,尺寸单位:mm)

3.2 按 T 0327 方法以水洗法除去小于 0.075mm 的粉尘部分,取 0.075mm～2.36mm 或 0.075mm～4.75mm 的试样约 6kg 放入 105℃ ± 5℃烘箱中烘干至恒重,在室温下冷却。

3.3 按本规程 T 0328 的方法测定试样的表观相对密度 γ_a,用分料器法或四分法将试样分成不少于 5 份,按式(T0345-1)计算每份试样所需的质量,称量准确至 0.1g。

$$m = 1.0 \times \gamma_a / 2.70 \qquad (T0345\text{-}1)$$

式中:m——每份试样的质量(kg);

γ_a——该试样的表观相对密度,无量纲。

3.4 根据试验的细集料规格选择漏斗,对规格 0.075mm～2.36mm 的细集料选用漏出孔径为 12mm 的漏斗,对规格 0.075mm～4.75mm 的细集料选用孔径为 16mm 的漏斗,将漏斗与圆筒连接安装成一整体。关闭漏斗下方的开启门,在漏斗下方置接受容器。

3.5 将试样从圆筒中央开口处(高度与筒顶齐平)徐徐倒入漏斗,表面尽量倒平,但倒完后不得以任何工具扰动或刮平试样。

3.6 在打开漏斗开启门的同时开动秒表。漏斗中的细集料随即从漏斗开口处流出,进入接受容器中。在细集料全部流完的同时停止秒表,读取细集料流出的时间,准确至0.1s,即为该细集料试样的流动时间。

3.7 一种试样需平行试验5次,以流动时间的平均值作为细集料棱角性的试验结果。

条文说明

如何评价细集料的棱角性,以前没有标准方法。最早是法国标准 AFNOR NF P 18-564/1981 规定了砂(包括天然砂和人工砂)的流动时间试验方法,在第17届国际道路会议上得到了肯定,并建议各国采用此方法评价砂的表面特性及棱角性,它对沥青混合料的稳定性、塑性变形有重大影响,同时也可用来评价水泥混凝土的和易性。欧美通常直接称为砂的流值(sand flow),因与沥青混合料马歇尔试验的流值相混淆,本方法根据其含意称为粗糙度。

由于 T 0345 方法比 T 0344 测定更为简单,包括美国在内的更多国家在使用,故本规程同时也列入了 T 0344 细集料间隙率作为棱角性指标,但推荐 T 0345 作为我国测定棱角性的标准试验方法使用。

本规程原方法参照法国 AFNOR NF P 18-564/1981 编写,本次按 P 18-564/1990 方法修改。所不同的是原方法采用规定的质量1kg,这次修改为规定的体积,所以都除以2.70进行换算。欧洲标准 EN 933-6 是以此方法为准的。另外原规程没有明确区分不同的细集料采用不同的漏出孔径,本方法规定的漏斗流出孔直径有12mm及16mm两种,按照最大粒径的不同选择2.36mm或4.75mm的标准筛过筛。在 EN 933-6 中已提出了不同的质量标准。

当工程上同时使用不同品种的细集料,如将天然砂和机制砂或石屑混用,应以实际配合比例组成的混合细集料进行试验,并满足相应规范的要求。

T 0349—2005 细集料亚甲蓝试验

1 目的与适用范围

1.1 本方法适用于确定细集料中是否存在膨胀性粘土矿物,并测定其含量,以评定集料的洁净程度,以亚甲蓝值 MBV 表示。

1.2 本方法适用于小于2.36mm或小于0.15mm的细集料,也可用于矿粉的质量检验。

1.3 当细集料中的0.075mm通过率小于3%时,可不进行此项试验即作为合格看待。

2 试剂、材料与仪器设备

(1)亚甲蓝($C_{16}H_{18}ClN_3S \cdot 3H_2O$):纯度不小于98.5%;

(2)移液管:5mL、2mL 移液管各一个;

(3)叶轮搅拌机:转速可调,并能满足 600 转/min ± 60 转/min 的转速要求,叶轮个数 3 或 4 个,叶轮直径 75mm ± 10mm;

注:其它类型的搅拌器也可使用,但试验结果必须与使用上述搅拌器时基本一致。

(4)鼓风烘箱:能使温度控制在 105℃ ± 5℃;

(5)天平:称量 1000g,感量 0.1g 及称量 100g,感量 0.01g 各一台;

(6)标准筛:孔径为 0.075mm、0.15mm、2.36mm 的方孔筛各一只;

(7)容器:深度大于 250mm,要求淘洗试样时,保持试样不溅出;

(8)玻璃容量瓶:1L;

(9)定时装置:精度 1s;

(10)玻璃棒:直径 8mm,长 300mm,2 支;

(11)温度计:精度 1℃;

(12)烧杯:1000mL;

(13)其它:定量滤纸、搪瓷盘、毛刷、洁净水等。

3 试验步骤

3.1 标准亚甲蓝溶液(10.0g/L ± 0.1g/L 标准浓度)配制

3.1.1 测定亚甲蓝中的水分含量 w。称取 5g 左右的亚甲蓝粉末,记录质量 m_h,精确到 0.01g。在 100℃ ± 5℃ 的温度下烘干至恒重(若烘干温度超过 105℃,亚甲蓝粉末会变质),在干燥器中冷却,然后称重,记录质量 m_g,精确到 0.01g。按式(T0349-1)计算亚甲蓝的含水率 w:

$$w = (m_h - m_g)/m_g \times 100 \tag{T0349-1}$$

式中:m_h——亚甲蓝粉末的质量(g);

m_g——干燥后亚甲蓝的质量(g)。

注:每次配制亚甲蓝溶液前,都必须首先确定亚甲蓝的含水率。

3.1.2 取亚甲蓝粉末 $(100 + w)(10g ± 0.01g)/100$(即亚甲蓝干粉末质量 10g),精确至 0.01g。

3.1.3 加热盛有约 600mL 洁净水的烧杯,水温不超过 40℃。

3.1.4 边搅动边加入亚甲蓝粉末,持续搅动 45min,直至亚甲蓝粉末全部溶解为止,然后冷却至 20℃。

3.1.5 将溶液倒入 1L 容量瓶中,用洁净水淋洗烧杯等,使所有亚甲蓝溶液全部移入容量瓶,容量瓶和溶液的温度应保持在 20℃ ± 1℃,加洁净水至容量瓶 1L 刻度。

3.1.6 摇晃容量瓶以保证亚甲蓝粉末完全溶解。将标准液移入深色储藏瓶中,亚甲蓝标准溶液保质期应不超过28d。配制好的溶液应标明制备日期、失效日期,并避光保存。

3.2 制备细集料悬浊液

3.2.1 取代表性试样,缩分至约400g,置烘箱中在105℃±5℃条件下烘干至恒重,待冷却至室温后,筛除大于2.36mm颗粒,分两份备用。

3.2.2 称取试样200g,精确至0.1g。将试样倒入盛有500mL±5mL洁净水的烧杯中,将搅拌器速度调整到600r/min,搅拌器叶轮离烧杯底部约10mm。搅拌5min,形成悬浊液,用移液管准确加入5mL亚甲蓝溶液,然后保持400r/min±40r/min转速不断搅拌,直到试验结束。

3.3 亚甲蓝吸附量的测定

3.3.1 将滤纸架空放置在敞口烧杯的顶部,使其不与任何其它物品接触。

3.3.2 细集料悬浊液在加入亚甲蓝溶液并经400r/min±40r/min转速搅拌1min起,在滤纸上进行第一次色晕检验。即用玻璃棒沾取一滴悬浊液滴于滤纸上,液滴在滤纸上形成环状,中间是集料沉淀物,液滴的数量应使沉淀物直径在8mm～12mm之间。外围环绕一圈无色的水环。当在沉淀物周围边缘放射出一个宽度约1mm左右的浅蓝色色晕时(如图T0349-1),试验结果称为阳性。

注:由于集料吸附亚甲蓝需要一定的时间才能完成,在色晕试验过程中,色晕可能在出现后又消失了。为此,需每隔1min进行一次色晕检验,连续5次出现色晕方为有效。

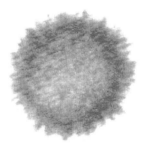 

图T0349-1 亚甲蓝试验得到的色晕图像
(左图符合要求,右图不符合要求)

3.3.3 如果第一次的5mL亚甲蓝没有使沉淀物周围出现色晕,再向悬浊液中加入5mL亚甲蓝溶液,继续搅拌1min,再用玻璃棒沾取一滴悬浊液,滴于滤纸上,进行第二次色晕试验,若沉淀物周围仍未出现色晕,重复上述步骤,直到沉淀物周围放射出约1mm的稳定浅蓝色色晕。

3.3.4 停止滴加亚甲蓝溶液,但继续搅拌悬浊液,每 1min 进行一次色晕试验。若色晕在最初的 4min 内消失,再加入 5mL 亚甲蓝溶液;若色晕在第 5min 消失,再加入 2mL 亚甲蓝溶液。两种情况下,均应继续搅拌并进行色晕试验,直至色晕可持续 5min 为止。

3.3.5 记录色晕持续 5min 时所加入的亚甲蓝溶液总体积,精确至 1mL。

注:试验结束后应立即用水彻底清洗试验用容器。清洗后的容器不得含有清洁剂成分,建议将这些容器作为亚甲蓝试验的专门容器。

3.4 亚甲蓝的快速评价试验

3.4.1 按 3.2.1 及 3.2.2 要求制样及搅拌。

3.4.2 一次性向烧杯中加入 30mL 亚甲蓝溶液,以 400r/min ± 40r/min 转速持续搅拌 8min,然后用玻璃棒粘取一滴悬浊液,滴于滤纸上,观察沉淀物周围是否出现明显色晕。

3.5 小于 0.15mm 粒径部分的亚甲蓝值 MBV_F 的测定

按 3.1~3.3 的规定准备试样,进行亚甲蓝试验测试,但试样为 0~0.15mm 部分,取 30g ± 0.1g。

3.6 按 T 0333 的筛洗法测定细集料中含泥量或石粉含量。

4 计算

4.1 细集料亚甲蓝值 MBV 按式(T0349-2)计算,精确至 0.1。

$$MBV = \frac{V}{m} \times 10 \qquad (T0349\text{-}2)$$

式中:MBV——亚甲蓝值(g/kg),表示每千克 0~2.36mm 粒级试样所消耗的亚甲蓝克数;

m——试样质量(g);

V——所加入的亚甲蓝溶液的总量(mL)。

注:公式中的系数 10 用于将每千克试样消耗的亚甲蓝溶液体积换算成亚甲蓝质量。

4.2 亚甲蓝快速试验结果评定

若沉淀物周围出现明显色晕,则判定亚甲蓝快速试验为合格,若沉淀物周围未出现明显色晕,则判定亚甲蓝快速试验为不合格。

4.3 小于 0.15mm 部分或矿粉的亚甲蓝值 MBV_F 按式(T0349-3)计算,精确至 0.1。

$$MBV_F = \frac{V_1}{m_1} \times 10 \qquad (T0349\text{-}3)$$

式中：MBV_F——亚甲蓝值(g/kg)，表示每千克0～0.15mm粒级或矿粉试样所消耗的亚甲蓝克数；

m_1——试样质量(g)；

V_1——加入的亚甲蓝溶液的总量(mL)。

4.4 细集料中含泥量或石粉含量计算和评定按 T 0333 的方法进行。

条文说明

评价细集料中的细粉含量(包括含泥量和石粉)，除了 T 0333 的方法外，国外通常采用砂当量试验及亚甲蓝试验。我国《公路沥青路面施工技术规范》中细集料的质量指标中目前只列入了砂当量值的要求。在美国和日本，规范规定进行砂当量试验，但不少地方也进行亚甲蓝试验。欧洲国家中原来有的用砂当量，有的用亚甲蓝试验。最新的欧洲共同体 CEN 的标准(EN 933-9:1999)中，已经没有了砂当量试验，只保留了亚甲蓝试验，但实际上法国等一些国家，两种试验方法都做。在美国 ASTN 有砂当量试验，但稀浆封层协会也推荐亚甲蓝试验。在我国的国家标准《建筑用砂》(GB/T 14684—2001)中，也没有砂当量，但有亚甲蓝试验。这两种试验方法各有什么优缺点，我国还缺乏研究。为试验工作需要，本规程按照国家标准《建筑用砂》(GB/T 14684—2001)的方法，增补了亚甲蓝试验方法。

对砂当量试验和亚甲蓝试验究竟哪个更好的问题，各有各的看法，一般认为，对较粗的细集料，适宜于采用砂当量试验，在试验时它采用的是小于4.75mm以下部分。而亚甲蓝试验更适合于较细的细集料试验，甚至于小于0.15mm的粉料试验，不适宜于有大于4.75mm以上的集料。对此两种试验方法，我国都比较陌生，需要多加实践，积累经验，以得到更好的应用。

亚甲蓝试验的目的是确定细集料、细粉、矿粉中是否存在膨胀性粘土矿物并确定其含量的整体指标。它的试验原理是向集料与水搅拌制成的悬浊液中不断加入亚甲蓝溶液，每加入一定量的亚甲蓝溶液后，亚甲蓝为细集料中的粉料所吸附，用玻璃棒沾取少许悬浊液滴到滤纸上观察是否有游离的亚甲蓝放射出的浅蓝色色晕，判断集料对染料溶液的吸附情况。通过色晕试验，确定添加亚甲蓝染料的终点，直到该集料停止表面吸附。当出现游离的亚甲蓝(以浅蓝色色晕宽度1mm左右作为标准)时，计算亚甲蓝值 MBV，计算结果表示为每1000g试样吸收的亚甲蓝的克数。

亚甲蓝试验时，由于膨胀性粘土矿物具有极大的比表面，很容易吸附亚甲蓝染料，亚甲蓝值表示用染料的单分子层覆盖其试样粘土部分的总表面积所需的染料量。亚甲蓝值与粘土含量乘以粘土比表面的乘积成正比。每种粘土的比表面表示粘土的固有特性，如下表所示。

粘土及矿物类型	蒙脱土	蛭石	伊利石	纯高岭石	非粘土矿物质微粒
比表面(m^2/g)	800	200	40～60	5～20	1～3

因为细集料中的非粘土性矿物质颗粒的比表面相对要小得多($1m^2/g$～$3m^2/g$)，且并不吸收任何可见数量的染料。因此，以亚甲蓝值表示粘土部分的特性时，没有必要从集料的残余部分中分离出这些非粘土颗粒，所以通常试验直接采用2.36mm以下部分细集料。当需要进一步检验0.15mm以下颗粒中粘土部分的含量时，可采用0.15mm以下集料进行试验。

我国国家标准 GB/T 14684—2001 的方法与 EN 933-9:1999 方法的试验步骤基本相同，但也有一些区别。在制备亚甲蓝标准液时国标要求水温加热至35℃～45℃，而 EN 标准规定不超过40℃；国标是将亚甲蓝粉末烘干后试验,取 10g 干试样配制标准液,而 EN 标准要求先测含水率,配制时考虑含水率称取试样,防止亚甲蓝在烘干时变质。我们认为这样更为合理,故按 EN 方法进行了修改。

在 EN 标准中,还有一项规定:如果试样中细粉含量不足,数次试验无法出现色晕,可再加入高岭石和一定量的亚甲蓝溶液后进行试验。高岭石和亚甲蓝的量按照以下方法确定:

向烧杯中加入 30g±0.1g 高岭石,在 110℃±5℃ 的温度下烘干至恒重,加入 V'(mL)的亚甲蓝溶液,$V' = 30MBV_K$ 是指 30g 高岭石吸附的亚甲蓝的量。高岭石亚甲蓝值(MBV_K)的确定方法如下:

(1)将高岭石在 110℃±5℃ 温度下烘干至恒重,称取 30.0g±0.1g 干燥的高岭石,将其倒入烧杯中,倒入 500mL 洁净水。

(2)以上述相同方法搅拌成悬浊液,加入 5mL 标准亚甲蓝溶液,搅拌 1min 后进行色晕试验。重复色晕检验,若第 5 次时色晕消失了,以后每次添加 2mL 亚甲蓝溶液,仍继续每隔 1min 进行一次色晕检验,直至色晕试验连续 5min 为阳性,停止试验。

(3)记录吸附的亚甲蓝溶液体积 V'。按公式 $MBV_K = V'/30$ 计算高岭石的亚甲蓝值。但是即使已知每种高岭石的亚甲蓝值 MBV_K,也应隔一段时间重新检测一次,以验证结果的稳定性。该方法也可用来检验新的亚甲蓝溶液是否合格。

考虑到细粉含量不足时,无法出现色晕,应该就可以说明该种细集料中膨胀性粘土成分十分的少,试验已经没有实用价值,所以本规程与国标一样,没有列入测试高岭石亚甲蓝值 MBV_K 的内容。

在 2002 年 5 月欧洲标准 CEN 13043"沥青路面用集料标准"规定当细集料或者集料混合料(公称最大粒径小于 8mm)中的细粉含量(0.063mm 部分)小于 3% 时,可以不作进一步要求;当细集料或者集料混合料中的细粉含量为 3%~10% 时,需按 EN 933-9 通过亚甲蓝试验确定 0~0.125mm 中的有害物含量,通常要求 MBV_F 值不大于 10%;当细集料或者集料混合料中的细粉含量(0.063mm 部分)大于 10% 时,需要检验 0.063mm 以下部分是否满足矿粉的各项技术要求。

T 0350—2005 细集料压碎指标试验

1 目的与适用范围

细集料压碎指标用于衡量细集料在逐渐增加的荷载下抵抗压碎的能力,以评定其在公路工程中的适用性。

2 仪具与材料

(1)压力机:量程 50kN~1000kN,示值相当误差 2%,应能保持 1kN/s 的加荷速率。

(2)天平:感量不大于 1g。

(3)标准筛。

(4)细集料压碎指标试模:由两端开口的钢制圆形试筒、加压块和底板组成,其形状和尺寸见图 T0350-1,压头直径 75mm,金属筒试模内径 77mm,试模深 70mm。试筒内壁、加压头的底面及底板的上表面等与石料接触的表面都应进行热处理硬化,并保持光滑状态。

(5)金属捣棒:直径 10mm,长 500mm,一端加工成半球形。

3 试验准备

3.1 采用风干的细集料样品,置烘箱中于 105℃±5℃ 条件下烘干至恒重,通常不超过

4h，取出冷却至室温。后用 4.75mm、2.36mm 至 0.3mm 各档标准筛过筛，去除大于 4.75mm 部分，分成 4.75mm～2.36mm、2.36mm～1.18mm、1.18mm～0.6mm、0.6mm～0.3mm 4 组试样，各组取 1000g 备用。

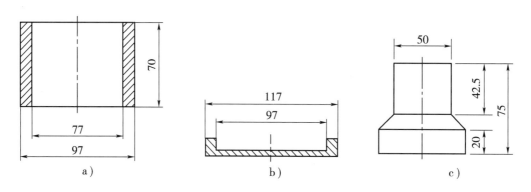

图 T0350-1　细集料压碎指标试模（尺寸单位：mm）
a）圆筒；b）底盘；c）加压头

3.2　称取单粒级试样 330g，准确至 1g。将试样倒入已组装成的试样钢模中，使试样距底盘面的高度约为 50mm。整平钢模内试样表面，将加压头放入钢模内，转动 1 周，使其与试样均匀接触。

4　试验步骤

4.1　将装有试样的试模放到压力机上，注意使压头摆平，对中压板中心。

4.2　开动压力机，均匀地施加荷载，以 500N/s 的速率，加压至 25kN，稳压 5s，以同样的速率卸荷。

4.3　将试模从压力机上取下，取出试样，以该粒组的下限筛孔过筛（如对 4.75mm～2.36mm 以 2.36mm 标准筛过筛）。称取试样的筛余量（m_1）和通过量（m_2），准确至 1g。

5　计算

按式（T0350-1）计算各组粒级细集料的压碎指标，精确至 1%。

$$Y_i = \frac{m_1}{m_1 + m_2} \times 100 \tag{T0350-1}$$

式中：Y_i——第 i 粒级细集料的压碎指标值（%）；
　　　m_1——试样的筛余量（g）；
　　　m_2——试样的通过量（g）。

6　报告

6.1　每组粒级的压碎指标值以 3 次试验结果的平均值表示，精确至 1%。

6.2 取最大单粒级压碎指标值作为该细集料的压碎指标值。

条文说明

在我国《水泥混凝土路面施工技术规范》中,对细集料有机制砂单粒级最大压碎指标的要求,是我国的独特指标,其方法来源于国家标准 GB/T 14684—2001《建筑用砂》,国标方法中试验得到的是砂的压碎指标。

5 矿粉试验

T 0351—2000 矿粉筛分试验(水洗法)

1 目的与适用范围

测定矿粉的颗粒级配。同时适用于测定供拌制沥青混合料用的其它填料如水泥、石灰、粉煤灰的颗粒级配。

2 仪具与材料

(1)标准筛:孔径为 0.6mm、0.3mm、0.15mm、0.075mm。
(2)天平:感量不大于 0.1g。
(3)烘箱:能控温在 105℃±5℃。
(4)搪瓷盘。
(5)橡皮头研杵。

3 试验步骤

3.1 将矿粉试样放入 105℃±5℃烘箱中烘干至恒重,冷却,称取 100g,准确至 0.1g。如有矿粉团粒存在,可用橡皮头研杵轻轻研磨粉碎。

3.2 将 0.075mm 筛装在筛底上,仔细倒入矿粉,盖上筛盖。手工轻轻筛分,至大体上筛不下去为止。存留在筛底上的小于 0.075mm 部分可弃去。

3.3 除去筛盖和筛底,按筛孔大小顺序套成套筛。将存留在 0.075mm 筛上的矿粉倒回 0.6mm 筛上,在自来水龙头下方接一胶管,打开自来水,用胶管的水轻轻冲洗矿粉过筛,0.075mm 筛下部分任其流失,直至流出的水色清澈为止。水洗过程中,可以适当用手扰动试样,加速矿粉过筛,待上层筛冲干净后,取去 0.6mm 筛,接着从 0.3mm 筛或 0.15mm 筛上冲洗,但不得直接冲洗 0.075mm 筛。

注:①自来水的水量不可太大太急,防止损坏筛面或将矿粉冲出,水不得从两层筛之间流出,自来水龙头宜装有防溅水龙头。当现场缺乏自来水时,也可由人工浇水冲洗。

②如直接在 0.075mm 筛上冲洗,将可能使筛面变形,筛孔堵塞,或者造成矿粉与筛面发生共振,不能通过筛孔。

3.4 分别将各筛上的筛余反过来用小水流仔细冲洗入各个搪瓷盘中,待筛余沉淀后,稍稍倾斜搪瓷盘,仔细除去清水,放入 105℃烘箱中烘干至恒重。称取各号筛上的筛余量,准确至 0.1g。

4 计算

各号筛上的筛余量除以试样总量的百分率,即为各号筛的分计筛余百分率,精确至 0.1%。用 100 减去 0.6mm、0.3mm、0.15mm、0.075mm 各筛的分计筛余百分率,即为通过 0.075mm 筛的通过百分率,加上 0.075mm 筛的分计筛余百分率即为 0.15mm 筛的通过百分率,依次类推,计算出各号筛的通过百分率,精确至 0.1%。

5 精密度或允许差

以两次平行试验结果的平均值作为试验结果。各号筛的通过率相差不得大于 2%。

条文说明

本方法参照我国历来试验方法及 ASTM D 546—94《道路与路面用矿粉填料筛分试验方法》、ASTM C 117《用水洗法测定矿料中小于 0.075mm 细颗粒含量的试验方法》及 AASHTO T 37 编写。矿粉筛分如果不采用水洗法,不仅散失较多,而且不可能得到正确的结果,因此统一采用水洗法。但沥青混合料抽提沥青后矿料级配筛分时,一般采用干筛,这样 0.075mm 通过率会偏少,试验时应对此作一些对比试验,以便对干筛结果与水洗法结果作适当的修正。

关于矿粉的性能和质量技术要求,我国研究得很少,规范规定很简单。本试验规程也仅限于《公路沥青路面施工技术规范》已经规定的项目,对相应的试验方法作了规定。其实,矿粉在沥青混合料中的作用很大,国外规范的技术指标要多得多。例如,2002 年 5 月发布的欧洲共同体标准 CEN 13043《沥青路面用集料标准》中,矿粉的技术要求除级配、含水量、密度等以外,还有很多重要的性质。例如要求按 EN 933-9 进行亚甲蓝试验并符合一定的要求(通常 MBV_F 不大于 10%),还要求对矿粉使沥青混合料变硬的性质(stiffening)通过干矿粉压实孔隙率(EN 1097-4)及使沥青环球法软化点升高的差值 $\Delta R\&B$ 进行试验(EN 13179-1)。对矿粉还要求进行水溶性(EN 1744-1:1998)、水敏感性(prEN 1744-4:2001)、碳酸钙含量(EN 196-21)、氢氧化钙含量(EN 459-2)检验,通常要求碳酸钙含量不小于 90%,氢氧化钙含量不小于 25%。对矿粉与沥青的粘附性,是用矿粉的"沥青数(Bitumen number)"(EN 13179-2)表示的。对矿粉还要求测定在煤油中的密度(EN 1097-3:1998),测定比表面(EN 196-6)等等,要求矿粉的比表面不大于 140m²/kg,似乎说明矿粉也未必越细越好。由于粉煤灰在许多场合可以作为矿粉使用,还要求粉煤灰测定烧失量(EN 1744-01:1998)。

对本规程未规定的试验方法,各单位使用中如有需要,可参照国外相关规程进行试验。

T 0352—2000 矿粉密度试验

1 目的与适用范围

用于检验矿粉的质量,供沥青混合料配合比设计计算使用,同时适用于测定供拌制沥青混合料用的其它填料如水泥、石灰、粉煤灰的相对密度。

2 仪具与材料

(1)李氏比重瓶:容量为 250mL 或 300mL,如图 T0352-1 所示。
(2)天平:感量不大于 0.01g。
(3)烘箱:能控温在 105℃±5℃。
(4)恒温水槽:能控温在 20℃±0.5℃。
(5)其它:瓷皿、小牛角匙、干燥器、漏斗等。

3 试验步骤

3.1 将代表性矿粉试样置瓷皿中,在 105℃烘箱中烘干至恒重(一般不少于 6h),放入干燥器中冷却后,连同小牛角匙、漏斗一起准确称量(m_1),准确至 0.01g,矿粉质量应不少于 200g。

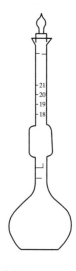

图 T0352-1
李氏比重瓶

3.2 向比重瓶中注入蒸馏水,至刻度 0~1mL 之间,将比重瓶放入 20℃的恒温水槽中,静放至比重瓶中的水温不再变化为止(一般不少于 2h),读取比重瓶中水面的刻度(V_1),准确至 0.02mL。

3.3 用小牛角匙将矿粉试样通过漏斗徐徐加入比重瓶中,待比重瓶中水的液面上升至接近比重瓶的最大读数时为止,轻轻摇晃比重瓶,使瓶中的空气充分逸出。再次将比重瓶放入恒温水槽中,待温度不再变化时,读取比重瓶的读数(V_2),准确至 0.02mL。整个试验过程中,比重瓶中的水温变化不得超过 1℃。

3.4 准确称取牛角匙、瓷皿、漏斗及剩余矿粉的质量(m_2),准确至 0.01g。
注:对亲水性矿粉应采用煤油作介质测定,方法相同。

4 计算

按式(T0352-1)及式(T0352-2)计算矿粉的密度和相对密度,精确至小数点后 3 位。

$$\rho_f = \frac{m_1 - m_2}{V_2 - V_1} \tag{T0352-1}$$

$$\gamma_f = \frac{\rho_f}{\rho'_w} \tag{T0352-2}$$

式中：ρ_f——矿粉的密度（g/cm³）；

　　　γ_f——矿粉对水的相对密度，无量纲；

　　　m_1——牛角匙、瓷皿、漏斗及试验前瓷器中矿粉的干燥质量（g）；

　　　m_2——牛角匙、瓷皿、漏斗及试验后瓷器中矿粉的干燥质量（g）；

　　　V_1——加矿粉以前比重瓶的初读数（mL）；

　　　V_2——加矿粉以后比重瓶的终读数（mL）；

　　　ρ'_w——试验温度时水的密度，按附录B表B-1取用。

5 精密度或允许差

同一试样应平行试验两次，取平均值作为试验结果。两次试验结果的差值不得大于0.01g/cm³。

条文说明

原《公路工程石料试验规程》(JTJ 054—94)中有两个试验方法测定密度，T 0203用比重瓶，介质用蒸馏水（与国标同）；T 0204用李氏比重瓶，介质用煤油。原条文说明中解释T 0204用煤油的原因是，石料中含有水溶性物质时用蒸馏水做介质有局限性。考虑到沥青混合料的矿粉一般为石灰石粉，日本试验方法也规定用蒸馏水，为简便起见，本方法规定统一采用蒸馏水。当然也可用煤油，方法是一样的，所以条文中加了一条注，规定对亲水性矿粉应用煤油作介质测定。

由于矿粉容易沾在瓷皿、牛角匙、漏斗等器件上，所以测定时应采用减量称重法。比重瓶中体积的差为矿粉的实际体积，故用计算得到的密度计算对水的相对密度时应除以试验温度时水的密度，即使采用煤油测定，也是除以同温度时水的密度而不是煤油的密度，请使用时注意。

T 0353—2000 矿粉亲水系数试验

1 目的与适用范围

矿粉的亲水系数即矿粉试样在水（极性介质）中膨胀的体积与同一试样在煤油（非极性介质）中膨胀的体积之比，用于评价矿粉与沥青结合料的粘附性能。本方法也适用于测定供拌制沥青混合料用的其它填料如水泥、石灰、粉煤灰的亲水系数。

2 仪具与材料

(1) 量筒：50mL两个，刻度至0.5mL。

(2) 研钵及有橡皮头的研杵。

(3) 天平，感量不大于0.01g。

(4) 煤油：在温度270℃分馏得到的煤油，并经杂粘土过滤而得到者（过滤用杂粘土应先经加热至250℃3h，俟其冷却后使用）。

(5)烘箱。

3 试验步骤

3.1 称取烘干至恒重的矿粉 5g(准确至 0.01g),将其放在研钵中,加入 15mL~30mL 蒸馏水,用橡皮研杵仔细磨 5min,然后用洗瓶把研钵中的悬浮液洗入量筒中,使量筒中的液面恰为 50mL。然后用玻璃棒搅和悬浮液。

3.2 同上法将另一份同样重量的矿粉,用煤油仔细研磨后将悬浮液冲洗移入另一量筒中,液面亦为 50mL。

3.3 将上两量筒静置,使量筒内液体中的颗粒沉淀。

3.4 每天两次记录沉淀物的体积,直至体积不变为止。

4 计算

4.1 亲水系数按式(T0353-1)计算。

$$\eta = \frac{V_B}{V_H} \tag{T0353-1}$$

式中:η——亲水系数,无量纲;
　　　V_B——水中沉淀物体积(mL);
　　　V_H——煤油中沉淀物体积(mL)。

4.2 平行测定两次,以两次测定值的平均值作为试验结果。

条文说明

　　矿粉的亲水系数即矿粉试样在水(极性介质)中膨胀的体积与同一试样在煤油(非极性介质)中膨胀的体积之比。亲水系数大于1的矿粉,表示矿粉对水的亲和力大于对沥青的亲和力,亲水系数小于1的矿粉,则表示对沥青有大于水的亲和力。

T 0354—2000　矿粉塑性指数试验

1　目的与适用范围

1.1 矿粉的塑性指数是矿粉液限含水量与塑限含水量之差,以百分率表示。

1.2 矿粉的塑性指数用于评价矿粉中粘性土成分的含量。

1.3 本方法也适用于检验作为沥青混合料填料使用的粉煤灰、拌和机回收粉尘的塑性指数。

2 试验步骤

2.1 将矿粉等填料用0.6mm筛过筛,去除筛上部分。

2.2 按《公路土工试验规程》(JTJ 051)规定的方法测定塑性指数。

条文说明

热拌沥青混合料的填料大部分是通过0.075mm筛的非塑性矿物质粉末,规范要求使用石灰石粉;为了增强沥青与酸性石料的粘结力,可以掺加一部分消石灰粉、水泥。如果矿粉中混入粘土成分,或者采用火成岩石料的磨细矿粉时,塑性指数将明显增加。塑性指数高的石粉,吸水性和吸油性较大,并由此发生膨润,将使沥青混合料的强度降低,或者在水的作用下发生剥离,导致沥青路面的损坏。因此在某些情况下,例如对回收粉尘要求进行塑性指数的检验,并要求不得大于4%。另外,粉煤灰的质量符合一定要求,也可作为填料使用,其中最基本的要求是塑性指数必须小于4%。

《公路土工试验规程》(JTJ 051)有两个试验用于测定塑性指数,一个是T 0118"液限塑限联合测定法",另一个是按T 0119用搓条法测定塑限,用T 0120干燥收缩法测定液限,计算塑性指数。工程上可根据习惯和条件采用任何一个方法进行测定。

T 0355—2000 矿粉加热安定性试验

1 目的与适用范围

1.1 矿粉的加热安定性是矿粉在热拌过程中受热而不产生变质的性能。

1.2 矿粉的加热安定性用于评价矿粉(除石灰石粉、磨细生石灰粉、水泥外)易受热变质的成分的含量。

2 仪具与材料

(1)蒸发皿或坩埚:可存放100g矿粉。
(2)加热装置:煤气炉或电炉。
(3)温度计:最小刻度为1℃。

3 试验步骤

3.1 称取矿粉100g,装入蒸发皿或坩埚中,摊开。

3.2 将盛有矿粉的蒸发皿或坩埚置于煤气炉或电炉火源上加热,将温度计插入矿粉中,一边搅拌石粉,一边测量温度,加热到200℃,关闭火源。

3.3 将矿粉在室温中放置冷却,观察石粉颜色的变化。

4 报告

报告石粉在受热后的颜色变化,判断石粉的变质情况。

条文说明

有些石粉在受热后会发生变质,从而影响矿粉的质量。尤其是火成岩石粉,在拌和过程中会发生较严重的变质,可采用此方法进行检验。

附录 A 公路工程方孔筛集料标准筛

1 目的与适用范围

规定适用于公路工程的方孔筛集料标准筛的结构形式与规格。

2 结构形式

2.1 标准筛由一系列具有规定筛孔的标准筛及筛盖和筛底组成,套筛使用时,通过橡胶圈连接密封和减振。

2.2 标准筛的结构由筛框及底板筛网或筛孔板组成,材料宜采用不锈钢,表面不得喷漆。

2.2.1 标准筛的筛框:支撑筛网的框架,尺寸如图 A-1 所示,尺寸公差应符合表 A-1 要求。

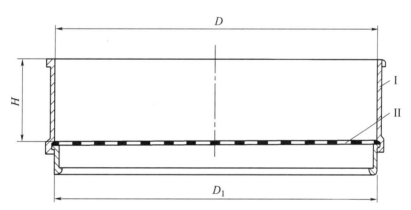

图 A-1 标准筛的筛框(I-筛框;II-筛面)

表 A-1 标准筛筛框的公差要求

直径 D 或 d(mm)			高度 H(mm)	
公称尺寸	D 的公差	d 的公差	公称尺寸	公差
200	+0.8 -0	-0.01 -0.4	62	±1.5

2.2.2 标准筛的底板可以为金属丝编织网或金属穿孔板,筛孔形状为正方形,筛孔位置必须按规定要求排列。

(1)筛孔 16mm 以下的标准筛可以采用金属丝编织网筛面,编织形式为平纹编织,钢丝的编织方式应该先弯曲后互相横向穿过,如图 A-2 所示。用于编织金属丝编织网的材

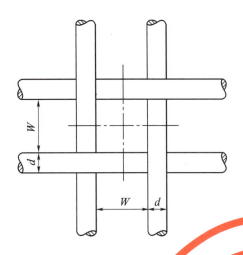 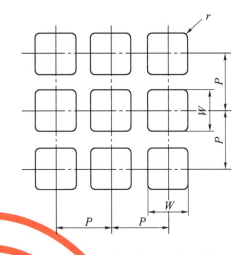

图 A-2 金属丝编织网的形状与要求　　　　图 A-3 方孔筛金属穿孔板的式样
W-筛孔基本尺寸；d-金属丝直径　　　　W-筛孔基本尺寸；P-孔中心距；r-圆角半径

料,可以为不锈钢(适用于所有尺寸的筛网)、磷青铜(适用于 0.25mm 以下的筛网)、黄铜(适用于 0.25mm～16mm 筛网)。标准筛金属丝编织网的基本尺寸(孔径)为 W,筛孔尺寸的极限偏差为 X,平均尺寸偏差为 Y,中间偏差为 Z,由式(A-1)、(A-2)、(A-3)规定,式中 W、X、Y、Z 的单位均以 μm 计,并应符合表 A-2 的要求。

表 A-2　金属丝编织网的尺寸及制造公差

标准筛筛孔 W (mm)	金属丝直径 d (mm)	公　差　(mm)		
		极限偏差 X	平均尺寸偏差 Y	中间偏差 Z
16.0	3.15	+0.99	±0.49	+0.74
13.2	2.80	+0.86	±0.41	+0.64
9.50	2.24	+0.68	±0.30	+0.49
4.75	1.60	+0.41	±0.15	+0.28
2.36	1.00	+0.25	±0.08	+0.17
1.70	0.80	+0.20	±0.06	+0.13
1.18	0.63	+0.16	±0.04	+0.10
0.60	0.400	+0.101	±0.021	+0.061
0.30	0.200	+0.065	±0.012	+0.038
0.15	0.100	+0.043	±0.0066	+0.025
0.075	0.050	+0.029	±0.0041	+0.017

a　任一筛孔的最大尺寸不得大于 $W+X$。

$$X = \frac{2}{3}W^{0.75} + 4W^{0.25} \tag{A-1}$$

b　筛孔的平均尺寸不得超过 $W+Y$。

$$Y = \frac{1}{27}W^{0.98} + 1.6 \tag{A-2}$$

c 筛孔尺寸在$(W+X)$及$(W+Z)$之间的筛孔数不得超过筛孔总数的6%。

$$Z = \frac{X+Y}{2} \tag{A-3}$$

当一个筛子的筛孔数少于50个时,筛孔尺寸在$(W+X)$及$(W+Z)$之间的筛孔数不得超过3个。

(2)筛孔4.75mm以上的标准筛可以采用金属穿孔板筛面,金属穿孔板的排列式样如图A-3所示。

标准筛穿孔板的筛孔尺寸(孔径)W、板厚、孔中心距、桥宽、筛孔尺寸偏差应符合表A-3的要求。方孔圆角半径r_{max}不得超过$0.05W+0.30$mm,W是筛孔尺寸,用mm表示。

表A-3 金属穿孔板的尺寸及制造公差

孔径W (mm)	厚度(mm)			孔中心距 P(mm)	单孔公差 (mm)
	标 准	最 大	最 小		
75.0				95	±0.70
63.0	3.0	4.00	2.50	80	±0.60
53.0				67	±0.55
37.5				47.5	±0.45
31.5				40.0	±0.40
26.5	2.0	2.50	1.50	33.5	±0.35
19.0				23.6	±0.29
16.0				20.0	±0.27
13.2				17.0	±0.25
9.5	1.0	2.00	1.00	12.1	±0.21
4.75	1.00	1.25	0.8	6.6	0.14

3 标准筛的检验方法及技术要求应符合国家标准GB 6003—85的要求。任何不符合要求的标准筛不得使用。

4 标准筛必须附有出厂标志,注明标准规格、材质、出厂日期、制造商及商标。

条文说明

我国的标准筛历来很混乱,中华人民共和国国家标准《试验筛》(GB 6003—85)是由湖南省常德市仪器厂起草,湘西科学仪器研究所归口,中华人民共和国机械部提出,国家标准局批准于1985年5月22日发布,1986年2月1日起实施的。该标准参照了ISO 3310—1982的金属丝编织网试验筛及金属穿孔板试验筛部分。本规程选用的方孔筛系列在GB 6003—85中均属R 40/3系列,表A-2及表A-3的尺寸也与国家标准完全相同。

由于我国方孔筛的标准施行时间较短,GB 6003—85 国家标准中的筛孔很多,为防止误用,特将其中有关筛孔的尺寸及规定列出,供方孔筛标准筛的制作和使用单位使用。关于标准筛质量检验的方法请查阅国家标准执行。

各个国家的标准筛并不统一,本标准等效于国际标准化组织 ISO/TC 24、ISO 565 通用标准及中国国家标准 GB 6003—85。2002 年 5 月欧洲共同体 CEN 13043《沥青路面用集料标准》规定的集料标准筛系列与我国有很大差别,如表 A-4 所示。

表 A-4　　CEN 13043《沥青路面用集料标准》规定的集料标准筛系列

标准筛系列 (mm)	标准筛系列附加系列 1 (mm)	标准筛系列附加系列 2 (mm)
0	0	0
1	1	1
2	2	2
4	4	—
—	5.6(5)	6.3(6)
8	—	8
—	8	10
—	11.2(11)	—
—	—	11.2(11)
—	—	14
16	16	16
—	—	20
—	22.4(22)	—
31.5(32)	31.5(32)	31.5(32)
—	—	40
—	45	—
63	63	63

注:在系列 2 中表面层也可采用 2.8mm。

附录 B 不同温度水的密度修正方法

1 目的与适用范围

本方法适用于测定各种集料、矿粉时对所测定的各种密度需要按水的温度计算试验时的非标准温度时的密度修正使用。试验温度的适用范围为 15℃ ~ 25℃。

2 修正方法

不同水温时水的密度 ρ_T 及水温修正系数 α_T 按表 B-1 取用。

表 B-1 不同水温时水的密度 ρ_T 及水温修正系数 α_T

水温(℃)	15	16	17	18	19	20
水的密度 ρ_T(g/cm³)	0.99913	0.99897	0.99880	0.99862	0.99843	0.99822
水温修正系数 α_T	0.002	0.003	0.003	0.004	0.004	0.005
水温(℃)	21	22	23	24	25	—
水的密度 ρ_T(g/cm³)	0.99802	0.99779	0.99756	0.99733	0.99702	—
水温修正系数 α_T	0.005	0.006	0.006	0.007	0.007	—

条文说明

原规程中此表在许多试验方法中列出,为避免重复,现集中在本附录中,以方便使用。由于集料密度通常是在常温下先测定相对密度,根据定义,集料的密度等于相对密度乘以同温度下水的密度,或近似地减去水温修正系数得到。例如对表观密度 $\alpha_T = \gamma_a(1 - \rho_T/\rho_w)$。说明 α_T 不仅与水在不同温度下的密度 ρ_T 有关,还与集料本身的密度有关。由于不同集料的 γ_a 或 γ_s、γ_b 是不同的,所以附录 B 表 B-1 中的 α_T 只是个近似值。

公路工程现行标准、规范、规程、指南一览表

(2017年3月版)

序号	类别	编号	书名(书号)	定价(元)
1	基础	JTG A02—2013	公路工程行业标准制修订管理导则(10544)	15.00
2		JTG A04—2013	公路工程标准编写导则(10538)	20.00
3		JTJ 002—87	公路工程名词术语(0346)	22.00
4		JTJ 003—86	公路自然区划标准(0348)	16.00
5		JTG B01—2014	★公路工程技术标准(活页夹版,11814)	98.00
6		JTG B01—2014	★公路工程技术标准(平装版,11829)	68.00
7		JTG B02—2013	公路工程抗震规范(11120)	45.00
8		JTG/T B02-01—2008	公路桥梁抗震设计细则(13318)	45.00
9		JTG B03—2006	公路建设项目环境影响评价规范(0927)	26.00
10		JTG B04—2010	公路环境保护设计规范(08473)	28.00
11		JTG B05—2015	★公路项目安全性评价规范(12806)	45.00
12		JTG B05-01—2013	公路护栏安全性能评价标准(10992)	30.00
13		JTG B06—2007	公路工程基本建设项目概算预算编制办法(06903)	26.00
14		JTG/T B06-01—2007	★公路工程概算定额(06901)	110.00
15		JTG/T B06-02—2007	★公路工程预算定额(06902)	138.00
16		JTG/T B06-03—2007	★公路工程机械台班费用定额(06900)	24.00
17		交通部定额站2009版	公路工程施工定额(07864)	78.00
18		JTG/T B07-01—2006	公路工程混凝土结构防腐蚀技术规范(13592)	30.00
19		交通部2007年第30号	国家高速公路网相关标志更换工作实施技术指南(1124)	58.00
20		交通部2007年第35号	收费公路联网收费技术要求(1126)	62.00
21		交通运输部2015年第40号	★收费公路联网收费多义性路径识别技术要求(12484)	40.00
22		JTG B10-01—2014	公路电子不停车收费联网运营和服务规范(11566)	30.00
23		交通运输部2011年	公路工程项目建设用地指标(09402)	36.00
24	勘测	JTG C10—2007	★公路勘测规范(06570)	28.00
25		JTG/T C10—2007	★公路勘测细则(06572)	42.00
26		JTG C20—2011	公路工程地质勘察规范(09507)	65.00
27		JTG/T C21-01—2005	公路工程地质遥感勘察规范(0839)	17.00
28		JTG/T C21-02—2014	公路工程卫星图像测绘技术规程(11540)	25.00
29		JTG/T C22—2009	公路工程物探规程(1311)	28.00
30		JTG C30—2015	★公路工程水文勘测设计规范(12063)	70.00
31	设计	公路	JTG D20—2006	★公路路线设计规范(0996)	38.00
32			JTG/T D21—2014	公路立体交叉设计细则(11761)	60.00
33			JTG D30—2015	★公路路基设计规范(12147)	98.00
34			JTG/T D31—2008	沙漠地区公路设计与施工指南(1206)	32.00
35			JTG/T D31-02—2013	★公路软土地基路堤设计与施工技术细则(10449)	40.00
36			JTG/T D31-03—2011	★采空区公路设计与施工技术细则(09181)	40.00
37			JTG/T D31-04—2012	多年冻土地区公路设计与施工技术细则(10260)	40.00
38			JTG/T D32—2012	★公路土工合成材料应用技术规范(09908)	42.00
39			JTG D40—2011	★公路水泥混凝土路面设计规范(09463)	40.00
40			JTG D50—2006	★公路沥青路面设计规范(06248)	36.00
41			JTG/T D33—2012	公路排水设计规范(10337)	40.00
42		桥隧	JTG D60—2015	★公路桥涵设计通用规范(12506)	40.00
43			JTG/T D60-01—2004	公路桥梁抗风设计规范(0814)	28.00
44			JTG D61—2005	公路圬工桥涵设计规范(13355)	30.00
45			JTG D62—2004	公路钢筋混凝土及预应力混凝土桥涵设计规范(05052)	48.00
46			JTG D63—2007	公路桥涵地基与基础设计规范(06892)	48.00
47			JTG D64—2015	★公路钢结构桥梁设计规范(12507)	80.00
48			JTG D64-01—2015	公路钢混组合桥梁设计与施工规范(12682)	45.00
49			JTG/T D65-01—2007	公路斜拉桥设计细则(1125)	28.00
50			JTG/T D65-04—2007	公路涵洞设计细则(06628)	26.00
51			JTG/T D65-05—2015	公路悬索桥设计规范(12674)	55.00
52			JTG/T D65-06—2015	公路钢管混凝土拱桥设计规范(12514)	40.00
53			JTG D70—2004	公路隧道设计规范(05180)	50.00
54			JTG/T D70—2010	★公路隧道设计细则(08478)	66.00
55			JTG D70/2—2014	公路隧道设计规范 第二册 交通工程与附属设施(11543)	50.00
56			JTG/T D70/2-01—2014	公路隧道照明设计细则(11541)	35.00
57			JTG/T D70/2-02—2014	公路隧道通风设计细则(11546)	70.00

续上表

序号	类别		编号	书名(书号)	定价(元)
58	设计	交通工程	JTG D80—2006	高速公路交通工程及沿线设施设计通用规范(0998)	25.00
59			JTG D81—2006	★公路交通安全设施设计规范(0977)	25.00
60			JTG/T D81—2006	★公路交通安全设施设计细则(12609)	50.00
61			JTG D82—2009	公路交通标志和标线设置规范(07947)	116.00
62		综合	交公路发[2007]358号	公路工程基本建设项目设计文件编制办法(06746)	26.00
63			交公路发[2007]358号	公路工程基本建设项目设计文件图表示例(06770)	600.00
64			交公路发[2015]69号	公路工程特殊结构桥梁项目设计文件编制办法(12455)	30.00
65	检测		JTG E20—2011	公路工程沥青及沥青混合料试验规程(09468)	106.00
66			JTG E30—2005	公路工程水泥及水泥混凝土试验规程(13319)	55.00
67			JTG E40—2007	★公路土工试验规程(06794)	79.00
68			JTG E41—2005	公路工程岩石试验规程(0828)	18.00
69			JTG E42—2005	公路工程集料试验规程(13353)	50.00
70			JTG E50—2006	★公路工程土工合成材料试验规程(0982)	28.00
71			JTG E51—2009	公路工程无机结合料稳定材料试验规程(08046)	48.00
72			JTG E60—2008	公路路基路面现场测试规程(07296)	38.00
73			JTG/T E61—2014	公路路面技术状况自动化检测规程(11830)	25.00
74	施工	公路	JTG F10—2006	公路路基施工技术规范(06221)	40.00
75			JTG/T F20—2015	★公路路面基层施工技术细则(12367)	45.00
76			JTG/T F30—2014	公路水泥混凝土路面施工技术细则(11244)	60.00
77			JTG/T F31—2014	公路水泥混凝土路面再生利用技术细则(11360)	30.00
78			JTG F40—2004	★公路沥青路面施工技术规范(05328)	38.00
79			JTG F41—2008	公路沥青路面再生技术规范(07105)	25.00
80		桥隧	JTG/T F50—2011	★公路桥涵施工技术规范(09224)	110.00
81			JTG/T F81-01—2004	公路工程基桩动测技术规程(0783)	20.00
82			JTG F60—2009	公路隧道施工技术规范(07992)	42.00
83			JTG/T F60—2009	公路隧道施工技术细则(07991)	58.00
84		交通	JTG F71—2006	★公路交通安全设施施工技术规范(0976)	20.00
85			JTG/T F72—2011	公路隧道交通工程与附属设施施工技术规范(09509)	35.00
86	质检安全		JTG F80/1—2004	公路工程质量检验评定标准 第一册 土建工程(05327)	46.00
87			JTG F80/2—2004	公路工程质量检验评定标准 第二册 机电工程(05325)	26.00
88			JTG G10—2016	公路工程施工监理规范(13275)	40.00
89			JTG F90—2015	★公路工程施工安全技术规范(12138)	68.00
90	养护管理		JTG H10—2009	公路养护技术规范(08071)	49.00
91			JTJ 073.1—2001	公路水泥混凝土路面养护技术规范(13658)	20.00
92			JTJ 073.2—2001	公路沥青路面养护技术规范(13677)	20.00
93			JTG H11—2004	公路桥涵养护规范(05025)	30.00
94			JTG H12—2015	公路隧道养护技术规范(12062)	60.00
95			JTG H20—2007	公路技术状况评定标准(13399)	25.00
96			JTG/T H21—2011	★公路桥梁技术状况评定标准(09324)	46.00
97			JTG H30—2015	公路养护安全作业规程(12234)	90.00
98			JTG H40—2002	公路养护工程预算编制导则(0641)	9.00
99	加固设计与施工		JTG/T J21—2011	公路桥梁承载能力检测评定规程(09480)	20.00
100			JTG/T J21-01—2015	公路桥梁荷载试验规程(12751)	40.00
101			JTG/T J22—2008	公路桥梁加固设计规范(07380)	52.00
102			JTG/T J23—2008	公路桥梁加固施工技术规范(07378)	30.00
103	改扩建		JTG/T L11—2014	高速公路改扩建设计细则(11998)	45.00
104			JTG/T L80—2014	高速公路改扩建交通工程及沿线设施设计细则(11999)	30.00
105	造价		JTG M20—2011	公路工程基本建设项目投资估算编制办法(09557)	30.00
106			JTG/T M21—2011	公路工程估算指标(09531)	110.00
1	技术指南		交公便字[2006]02号	公路工程水泥混凝土外加剂与掺合料应用技术指南(0925)	50.00
2			厅公路字[2006]418号	公路安全保障工程实施技术指南(1034)	40.00
3			交公便字[2009]145号	公路交通标志和标线设置手册(07990)	165.00

注:JTG——公路工程行业标准体系;JTG/T——公路工程行业推荐性标准体系;JTJ——仍在执行的公路工程原行业标准体系。

批发业务电话:010-59757973;零售业务电话:010-85285659(北京);网上书店电话:010-59757908;业务咨询电话:010-85285922。带"★"的表示有勘误,详见中国交通运输标准服务平台 www.yuetong.cn/bzfw。